# Found in Translation

Other works by Robert Friend

POETRY

*Dancing with a Tiger: Poems 1941–1998*
*After Catullus*
*The Next Room*
*Abbreviations*
*Somewhere Lower Down*
*Selected Poems*
*The Practice of Absence*
*Salt Gifts*
*Shadow on the Sun*

TRANSLATIONS

*S.Y. Agnon: The Book of the Alphabet*
*Flowers of Perhaps: Selected Poems of Ra'hel*
*Leah Goldberg: Selected Poems*
*Gabriel Preil: Sunset Possibilities and Other Poems*
*Natan Alterman: Selected Poems*

Robert Friend

# FOUND IN TRANSLATION

## MODERN HEBREW POETS
### A BILINGUAL EDITION

*The* Toby Press

*Found in Translation*

Second Revised Edition, 2006

*The* Toby Press LLC
POB 8531, New Milford, CT 06776-8531, USA
& POB 2455, London W1A 5WY, England
www.tobypress.com

ISBN: 978 1 59264 174 1, *paperback*

Translation copyright © Jean Shapiro Cantu
Acknowledgements for the use of Hebrew Texts

Copyright © in the original Hebrew by the poets or the estates of the poets: Thanks to Kibbutz Hameuchad for permission to include the poems of Lea Goldberg, Zelda, Dan Avidan, Dalya Ravikovitch, Zali Gurevitch and Natan Alterman

Thanks to Kibbutz Hameuchad and the Bialik Institute for permission to include the poems of Dan Pagis
Thanks to Schocken Publishing House Ltd. for permission to include the poems of Yehuda Amichai
Thanks to Aliza Greenberg for permission to include the poems of Uzi Zvi Greenberg
Thanks to the Bialik Institute for permission to include the poems of Gabriel Preil
Grateful acknowledgement to the Institute for the Translation of Hebrew Literature (ITHL) for their support and help in the preparation of this anthology.
The poems below © English translation the ITHL & Jean Shapiro Cantu:

Bialik: *Only a Single Ray; Stars Shine and Go Out; Orphanhood; Do not, although*
Fichman: *The Secrets of Landscape; Eve; Jerusalem*
Steinberg: *All of A Summer; Rain At Night; Till Evening;*
*It Has Been Long; Turn towards the End*
Rachel: *My Dead*
Vogel: *With Gentle Fingers; On Autumn Nights;*
*Silently You Stand Before Me; Waiting Rooms; A Single Carriage*
Greenberg: *Song of The Great Mind; I Thirst for Water; Song of Earth;*
*The Hour is Tired; Song to Heaven; I Have Never Been; Song of My People Forest*
Bat-Miriam: *The Monasteries Lift Gold Domes; Precious Stones;*
*The Sound of the Waves in the Silence*
Lenski: *Wormwood has Enchanted; Day Turns to Evening; Lightly a Slight Shadow;*
*Incredible Splendor; The Moon's Brightness; Near the Mill; There Broke into My Cell*
Alterman: *Summer Night*
Goldberg: *Song of the Strange Woman*
Preil: *Words of Oblivion and Peace*
Amichai: *What Drove Young Joseph; The Death of My Father; Couplets: If once again a flood fell from; Like the stone arch of ancient; Above, Pine Cones; Not Like the Cypress*
Pagis: *The Battle*

Typeset in Garamond by Jerusalem Typesetting

Printed and bound in the United States by Thomson-Shore Inc., Michigan

With wine and fruit and flowers the table's laid. But where's the guest whose spirit will be stayed? The Host is lonely in the house He made.

*Yose Ben Yose*
*(fourth/fifth century)*

# Contents

# Introduction

Embarking upon his first, tentative translation of Hebrew poetry soon after arriving in Jerusalem in 1950, Robert Friend was in all probability quite unaware of just how far the journey would take him. He was in his mid-thirties, had published his first collection of verse in the United States in 1941, and before arriving in Israel had lived intermittently in Panama, Puerto Rico, France and Germany. Translating was obviously something he enjoyed, or at least felt to be an essential part of a poet's trade, as there are translations from the Spanish, French and German from this early period in his life. But at a deeper level translation was one way—and for a peripatetic poet perhaps the most vital way—of connecting to his adopted country and its poets.

Friend was characteristically modest in his approach to the task. Speaking of his versions of Leah Goldberg in an interview, he remarked, "I thought of them as fun to do between writing my own poems. It had never occurred to me to publish them as a book until my friend Leah Goldberg died and I wanted to honour her in my own way." That Friend's translations could sound at once natural and carefully attuned to the original, which the poet, with a limited

Hebrew, was hearing only faintly, evoked among his friends a mix-
ture of pleasure and astonishment: one couldn't help wanting to run
to the original to tally the pros and cons of the English version, and
translation is inevitably a delicate admixture of the two. Friend himself
often remarked, half-seriously, that translating was not unlike setting
out to solve the weekly crossword puzzle in the *New York Times*, of
which he was a devotee.

A successful translation, however, is bound to transcend the
mechanics of the crossword, so that in the final analysis we are left
with what Friend called "new flesh for the same spirit." How this is
achieved remains somewhat of a mystery, though a transfer of energy
is clearly brought about by the translator's real or imagined relation
to the original. Christopher Middleton has spoken of the work of
translation "as a kind of sensitive passion," a phrase that seems to me
particularly applicable to Friend's own approach, which was at once
playful and solicitous. Friend, as his name couldn't help implying, had
always had a gift for friendship and more than anything else transla-
tion was a means of populating his basement apartment in the Jeru-
salem neighbourhood of Talbiyeh with the voices of other poets.

Thus the title of this selection—suggested by Friend shortly be-
fore he died—challenges Robert Frost's often quoted statement about
poetry being "what is lost in translation." Translation, in Friend's case,
enacted a process of discovery: what had been denied or distanced
and muffled in the tangle of another language was now found, and
made not only intelligible, but real and vitally *present*. Translation
might offer, in short, moments of achieved closeness, even of inti-
macy, and one must remember that Friend lived, as an English-lan-
guage poet, for close to fifty years in a culture and language that were
never quite his own.

In some cases the bond was real. Leah Goldberg, Yehuda Ami-
chai, Dan Pagis and Gabriel Preil were friends of the poet and the
act of translating their work, over the years, deepened the ties. This
was especially true for Goldberg and Amichai. The poet was, in fact,
one of Amichai's first translators, and the translations presented here
show a different, more formal, Amichai, than an English reader may
be accustomed to. For Friend was always challenged by the formal

pattern of a poem and taking on Amichai meant translating his sonnets, quatrains and couplets into their English equivalents. In Preil's case one witnesses the perfect match: an American in Israel, obdurately holding on to his expatriate status, translating the work of an Estonian-born Hebrew poet living a solitary, near-anonymous life in the Bronx. Then there were poets, like Natan Zach and Dalia Ravikovitch, who had attended Friend's classes on English and American literature in the budding, mid-fifties English department of the Hebrew University, temporarily housed in a building annexed to the King David Hotel in Jerusalem.

These were the living presences, who wrote in a limpid Hebrew that cut close to the contours of the spoken word. In the mid-sixties, however, Friend was invited to bring into English a large number of the early modern poets for an anthology published by the Institute for the Translation of Hebrew Literature. This was his first prolonged literary engagement with the originators of modern Hebrew poetry, beginning with Haim Nachman Bialik, revered by Hebrew readers and hailed as the country's first national poet, and extending to such poets as Yaakov Steinberg, Rachel, Uri Zvi Greenberg and Natan Alterman, to name only a few. The task was now considerably more difficult. Friend's Hebrew had always been shaky. He could manage a simple conversation and read, with some effort, the Hebrew paper. He had, I believe, just enough Hebrew to hear the tonal modulations of his contemporaries, such as Preil, Amichai, Goldberg and Pagis. But these were poets who had deliberately opted for a plain, pared down, conversational Hebrew that reflected, in essence, the "latent music of its age," while the Hebrew of Bialik's generation and of the generation that followed, writing in Mandatory Palestine, was, if not quite foreign, altogether different.

Hebrew, its vocabulary and syntax, had evolved at breakneck speed, particularly during the first half of this century, and the truth of the matter is that for most native-born Israelis, reading Bialik, Fichman and even the Whitmanesque Greenberg is not an easy task, to say the least, and requires prolonged study with a dictionary at hand. Friend was able partially to surmount this barrier by working closely with Hebrew scholars, notably Professor Shimon Sandbank, who would patiently and expertly guide the poet through the first drafts of a translation. Over the years Friend also developed his own approach, or practice of translation: the translator, Friend writes in his preface to his *Selected Poems of Ra'hel*, published in 1994, must take, at times, "deliberate liberties"; he must, when necessary, substitute meters and rhyme schemes, tone down the diction and delete or add words, even an image or phrase, in order to create an equivalent "incarnation" of the original. This is certainly close in spirit to contemporary theories of translation. Robert Lowell's *Imitations* and his admission to having been "reckless with the literal meaning" in order to get the right tone also come to mind, though Friend's translations are certainly more cautious in their departures from the literal sense than Lowell's free versions.

If a problem arises it is when Friend is unable to hear or catch the tone of the original. Bialik posed such a problem for Friend, as he has for all of his translators into English so far. Perhaps it is a question of the music being lost in modern Hebrew, which is pronounced differently from Bialik's Ashkenazi Hebrew (in which the beat is always on the penultimate syllable). Friend would have had to negotiate between the old and new Hebrew in order to hear the exact imprint of Bialik's voice. Bialik himself nearly abandoned writing poetry once he settled in Tel Aviv in 1924, as if the cultural and linguistic gap between the diaspora and the new world was too great, even for the most eminent of poets. (He would, however, continue to write children's verse, sung in Israeli nursery schools to this day.) Friend returned to Bialik's verse once again in 1997, when he already knew that he did not have long to live. He translated close to a dozen poems, but admitted to not particularly liking Bialik, which might be another way of saying that he just could not properly hear its lyric strains. I have consequently included only those versions which do approach, to my mind, the original's elusive music—a policy that I have followed for all the poets presented here.

The wonder of Friend's translations is just how often he does manage to hear the complicated music of old-modern Hebrew verse. To hear, that is, and to reincarnate both its antique tone and its modern ring. I am thinking in particular of the "decadent" poet and essayist Yaakov Steinberg, and of the lonely, Romantic figure of Rachel, of David Vogel, killed by the Nazis, of the fiery Revisionist, Uri Zvi Greenberg, and of the Russian Hebraist Hayim Lenski, who would write his last poems as he starved to death in Siberia. Here, a transfer of energy is immediately established. How does this happen? Perhaps it is a question of shared sensibilities, of hearing, almost preternaturally, the strains of a kindred soul. For the aforementioned are without exception poets of loss and displacement, for whom the Hebrew language becomes a locus for the intense interrogation of the self. "The simple talk of my home," in Yocheved Bat-Miriam's words, would never really be a simple matter—a position that Friend knew all too well.

*       *       *

Whether translating to honour a friend, or out of a sensed kinship with a poet in the near-distant past, whether to earn his daily bread, or out of a simple whim, the work accrued. Over several decades Friend published five volumes of translation (including a volume of children's verse by the Nobel Prize winner S.Y. Agnon, published posthumously). He also left a bulky folder of unpublished translations, mostly from Hebrew, but also including individual poems from Yiddish, German, French and Spanish, as well as a score of translations from Arabic, a language which Friend made repeated efforts to learn. In sifting through Friend's translations I found to my delight that the list of Hebrew poets was surprisingly close to being complete in its representation of the best of Hebrew poetry written in the last hundred years. There are of course poets that Friend never got around to translating, such as Amir Gilboa and Avoth Yeshurun, and of the generation who began publishing in the sixties, Israel Pincas, Meir Wieseltier, Harold Schimmel, Yair Hurvitz and Yona Wollach. There are also, to my mind unsuccessful, or only partially successful, translations of a number of important poets which I chose not to include, such as Shaul Tchernikovsky, Avraham ben Yitzhak, Avraham Shlonsky and Yonatan Ratosh; and, of the younger generation,

Aharon Shabtai and Mordechai Geldman. Friend's criteria for what constituted a felicitous translation were high, and I hope that in making my selection I have remained true the poet's own standards.

Gabriel Levin

# חיים נחמן ביאליק

## רַק קַו שֶׁמֶשׁ אֶחָד

רַק קַו־שֶׁמֶשׁ אֶחָד עֲבָרֵךְ,
וּפִתְאֹם רוֹמַמְתְּ וְגָדָלְתְּ;
וַיְפַתַּח חֶמְדָּתֵךְ וּבְשָׂרֵךְ,
וּכְגֶפֶן פֹּרִיָּה בָּשָׁלְתְּ.

וְרַק סַעַר לֵיל אֶחָד עֲבָרֵךְ,
וַיַּחְמֹס אֶת־בִּסְרֵךְ, נִצָּתֵךְ;
וּכְלָבִים נְבָלִים בַּהֲדָרֵךְ
יָרִיחוּ מֵרָחוֹק נִבְלָתֵךְ—

—תרס"א.

## הָיָה עֶרֶב הַקַּיִץ

וּבְנוֹת לֵילוֹת זַכּוֹת שׁוֹזְרוֹת מוֹזְרוֹת בַּלְּבָנָה
חוּטֵי כֶסֶף מַזְהִירִים,
וְהֵן אֹרְגוֹת כְּסוּת אַחַת לְכֹהֲנִים גְּדוֹלִים
וְלִמְגַדְּלֵי חֲזִירִים.

הָיָה עֶרֶב הַקַּיִץ. כָּל־הַבָּתִּים נִתְרוֹקְנוּ
וְנִתְמַלְאוּ הַגַּנִּים;
יָצָא אָדָם, כְּדַרְכּוֹ, בְּמַאֲוַיָּיו הַגְּדוֹלִים
לַחֲטָאָיו הַקְּטַנִּים.

קָצְרָה רוּחַ הָאָדָם, כֻּלּוֹ עֵינַי מְיַחֵל—
וּתְפִלָּתוֹ הָאַחַת:

2

# Haim Nachman Bialik

## Only a single ray...

Only a single ray, but suddenly
you rise to glory and are half-divine;
one ray of sun unfolds the lure in thee,
unfolds the flesh. You ripen like a vine.

Only the tempest of a single night,
but it has ravished you of the sun's powers.
Already from afar, lewd dogs sniff out
the rotting corpse within the reek of flowers.

## Summer night

True daughters of Lilith, night demons
weave and interweave with moonlight
gleaming silver threads, making one garment
for high priest and swineherd.

Once again a summer night begins,
houses empty, public gardens teem.
Once again, dreaming a giant dream,
men hasten to their little sins.

Impatient of spirit, in hope and desire blind,
'Stars,' they implore (it is all their prayer), 'be kind.

"הַכּוֹכָבִים הַצְּנוּעִים, מַהֲרוּ צֵאתְכֶם מִלְמַעְלָה,
וְהַקְּדֵשׁוֹת מִתָּחַת!"

וּבְגַן זֶה הַחֵלָה נְגִינָה קַלָּה, הוֹלֵלָה–
וְהַגַּן כֻּלּוֹ נִנְעַר,
וּמִבֵּין הָאִילָנוֹת הִנֵּה הִשְׁחִיר זְנַב צָעִיף
וְהַלְּבָנָה כְּנַף סָנָר.

וּכְסַרְסוּרֵי עֲבֵרָה קוֹרְצִים, רוֹמְזִים כּוֹכָבִים,
וְעֵינֵיהֶם פָּז תִּבְעוּת;
צָרַר רוּחַ הַזְּנוּנִים גַּם אֶת־עִשְׂבוֹת הַשָּׂדֶה
וְאֶת־אַבְנֵי הָרְחֹבוֹת.

וּמֵאֶמְצַע הַנָּהָר וּמִמְּרוֹמֵי הַגְּזוּזְרוֹת
וּמֵאַחֲרֵי הַגְּדֵרוֹת
בָּא הַצְּחוֹק–וּבַחַלּוֹנוֹת מוּרָדִים וִילוֹנוֹת
וְכָבִים הַנֵּרוֹת.

הַס, הַשְּׂאָר נָתַן רֵיחוֹ, זוֹלֵל סוֹבֵא הָעוֹלָם,
יֵין עֲנָבִים עָבְרוּ,
וְהוּא יוֹצֵא מִדַּעְתּוֹ וּמִתְגּוֹלֵל בְּקִיאוֹ
וּמִתְבּוֹסֵס בִּבְשָׂרוֹ.

וּבְנוֹת לֵילִיּוֹת זַכּוֹת שׁוֹזְרוֹת מוֹזְרוֹת בַּלְּבָנָה
חוּטֵי כֶסֶף מַזְהִירִים,
וְהֵן אֹרְגוֹת כְּסוּת אַחַת לְכֹהֲנִים גְּדוֹלִים
וְלִמְגַדְּלֵי חֲזִירִים.

–תרס"ח.


## כּוֹכָבִים מְצִיצִים וְכָבִים

כּוֹכָבִים מְצִיצִים וְכָבִים,
וַאֲנָשִׁים בַּחֲשֵׁכָה נְמַקִּים;
הַבִּיטָה בַכֹּל וּבִלְבָבִי–
מַחֲשַׁכִּים, יְדִידִי, מַחֲשַׁכִּים.

Shine nakedly in the heavens above, and show
the harlots shining nakedly below.'

In public gardens, stirring sleeping streams,
a thin, a winding music breaks the hush.
Under a tree a ribbon whitely gleams,
a shawl-fringe flashes darkly by a bush.

The golden stars tip winks like a bawd or whore
in calculation of a golden yield;
lust clings to every cobblestone and door
and to the sighing grasses of the field.

From river bank, from high balustrades,
from behind fences, murmurs and laughter float.
Naked arms reach up to lower shades,
and quick hot breaths blow the slow candles out.

And now at midnight, reeking of sweat and spunk,
down stairs, through alleys, the world's lovers, drunk,
stagger, or vomit, and through the vomit roll,
suffering in the flesh pollution of the soul.

True daughters of Lilith, night demons
weave and interweave with moonlight
gleaming silver threads, making one garment
for high priest and swineherd.

# Stars shine and go out...

Stars shine and go out.
In the dark men decay.
Within my heart and everywhere
darkness holds sway.

וְנוֹצְצִים חֲלָמוֹת וְנוֹבְלִים,
וּפוֹרְחִים וּרְקֵבִים לְבָבוֹת;
הַבִּיטָה בַכֹּל וּבִלְבָבִי—
חֲרָבוֹת, יְדִידִי, חֲרָבוֹת.

וְהַכֹּל מִתְפַּלְלִים לְאוֹרָה,
וְנִבְלוֹת שְׂפָתַיִם בִּתְפִלָּה;
וִיגֵעִים הַדְּבָרִים וַאֲרֻכִּים,
וְהֵם נִשְׁנִים וְחוֹזְרִים חֲלִילָה.

וְהַלֵּילוֹת—הוֹי, כַּמָּה עֲצֵלִים!
אֲפִלּוּ הַלְּבָנָה הַפְּגוּמָה—
גַּם־הִיא מְפַהֶקֶת עֲיֵפָה
וּמְצַפָּה לַיּוֹם מִתּוֹךְ תְּנוּמָה.

## וְהָיָה כִּי תִמְצָאוּ

וְהָיָה כִּי תִמְצָאוּ מְגִלַּת לְבָבִי
בֶּעָפָר תִּתְפַּלֵּשׁ,
וַאֲמַרְתֶּם כֹּה: הָיָה אִישׁ תָּמִים וּפָשׁוּט,
וְעָיֵף וְחַלָּשׁ.

וַיְהִי הָאִישׁ עוֹשֶׂה וְחַי לוֹ לְתֻמּוֹ,
וְנֶחְבָּא אֶל כֵּלָיו,
וּמְקַבֵּל בִּדְמָמָה, בְּלִי בְרָכָה וּקְלָלָה,
הַבָּא לוֹ מֵאֵלָיו.

וַיֵּצֵא הָאִישׁ וַיְהִי עוֹבֵר לְתֻמּוֹ,
וּנְתִיבוֹ לֹא־עִקֵּשׁ;
מִקְּטַנּוֹת לֹא־בָרַח וּגְדוֹלוֹת לֹא־פִלֵּל,
וּנְצוּרוֹת לֹא־בִקֵּשׁ.

וְאִם־אֲחֵרוּ, אַךְ בָּאוּ, לֹא קְרוּאוֹת, הַגְּדוֹלוֹת
וּבְדֶרֶךְ הַמֶּלֶךְ—

Dreams sparkle and fade,
hearts flower and decay.
Ruins in my heart and everywhere
devour the day.

All pray for the light.
Lips rot as they pray.
This old, old tale long told, is told
again today.

How slowly, my friend,
night wears away.
Even the moon yawns wearily,
waiting for day.

# If you found…

If you found my heart's scroll in the dust,
it would say:
he was weak and tired and simple,
but open as day.

Modest, he did what he had to,
working neither for praise nor blame,
accepting, without benison or curse,
whatever came.

A man who did what he had to,
not resisting his fate;
nor shied away from the petty,
nor aspired to the deeds of the great.

And when, uninvited, these came
on the king's highway,

7

וַיַּעֲמֹד הָאִישׁ וְהוּא מַבִּיט מִשְׁתָּאֶה,
וַיֵּקֹד וַיֵּלֶךְ.

וְאִם־אַחֲרוּ, אַךְ דָּפְקוּ עַל־פִּתְחוֹ הַנְּצוּרוֹת—
וְהוּא לֹא אֲסָפָן,
וַיִּתְעַב כְּאֶחָד עֹז נֶפֶשׁ הַכְּלָבִים
עִם־צִדְקַת לֵב שָׁפָן.

וַעֲלִיַּת קִיר קְטַנָּה לָאִישׁ הַהוּא הָיְתָה,
וְלָהּ אֶשְׁנָב קָטָן,
וַתְּהִי לוֹ לְנַפְשׁוֹ, וְלֹא־יָדַע בָּהּ מַלְאָךְ,
וְלֹא־שָׁלַט בָּהּ שָׂטָן.

וְלָאִישׁ תְּפִלָּה אַחַת, וְהָיָה בַּצַּר לוֹ,
וַיְהִי עוֹלֶה שָׁמָּה,
צוֹנֵחַ לָאֶשְׁנָב וְרוֹעֵד וְלוֹהֵט—
וּמְפַלֵּל בִּדְמָמָה.

וַתֶּאֱרַךְ הַתְּפִלָּה כְּאֹרֶךְ יְמֵי חַיָּיו,
אַךְ אֶל עֶלְיוֹן לֹא־רָצָה.
אֵת־לֹא־בִקֵּשׁ לוֹ נִתָּן, וְהָאַחַת שֶׁבִּקֵּשׁ—
אוֹתָהּ לֹא־מָצָא.

וְהָאִישׁ עַד־יוֹם אַחֲרוֹן לֹא־נוֹאַשׁ מֵרַחֲמִים
וְנַפְשׁוֹ הוֹחִילָה,
וּלְבָבוֹ הִתְפַּלֵּל, הִתְפַּלֵּל וַיָּמָת
בְּאֶמְצַע הַתְּפִלָּה.

—תמוז, תר"ע.


## הַקַּיִץ גֹּוֵעַ

הַקַּיִץ גֹּוֵעַ מִתּוֹךְ זָהָב וָכֶתֶם
וּמִתּוֹךְ הָאַרְגָּמָן
שֶׁל־שַׁלֶּכֶת הַגַּנִּים וְשֶׁל־עָבֵי עַרְבַּיִם
הַמִּתְבּוֹסְסוֹת בְּדָמָן.

the man simply stared in amaze at them,
then bowed and went away.

When the glorious knocked at his door,
he left it standing there,
loathing both the courage of dogs
and the righteousness of the hare.

The man had a little attic.
It was his alone.
There was no angel in it,
a devil there was unknown.

Overcome by sorrow,
he would climb its steep stairway,
and falling to his knees at the window
silently pray.

His was a life-long prayer,
but the Lord would not heed,
granting what he didn't ask for,
denying him what he did.

But the man kept on yearning for mercy,
and his heart would not despair
till it died as he was praying
in the middle of his prayer.

# Summer is dying

Summer is dying in the purple and gold and russet
of the falling leaves of the wood,
and the sunset clouds are dying
in their own blood.

וּמִתְרוֹקֵן הַפַּרְדֵּס. רַק טַיָּלִים יְחִידִים
וְטַיָּלוֹת יְחִידוֹת
יִשְׂאוּ עֵינָם הַנּוֹגָה אַחֲרֵי מְעוּף הָאַחֲרוֹנָה
בְּשַׁיָּרוֹת הַחֲסִידוֹת.

וּמִתְיַתֵּם הַלֵּב. עוֹד מְעַט וְיוֹם סַגְרִיר
עַל־הַחַלּוֹן יִתְדַּפֵּק בִּדְמָמָה:
"בְּדַקְתֶּם נַעֲלֵיכֶם? טְלֵאתֶם אַדַּרְתְּכֶם?
צְאוּ הָכִינוּ תַּפּוּחֵי אֲדָמָה."

–תרס"ה.


## עִם דִּמְדּוּמֵי הַחַמָּה

עִם דִּמְדּוּמֵי הַחַמָּה אֶל־הַחַלּוֹן נָא־גְשִׁי
וְעָלַי הִתְרַפְּקִי,
לִפְתִי הֵיטֵב צַוָּארִי, שִׂימִי רֹאשֵׁךְ עַל־רֹאשִׁי–
וְכֹה עִמִּי תִדְבָּקִי.

וּמְחֻשָּׁקִים וּדְבֵקִים, אֶל־הַזֹּהַר הַנּוֹרָא
דּוּמָם נִשָּׂא עֵינֵינוּ;
וְשִׁלַּחְנוּ לַחָפְשִׁי עַל־פְּנֵי יַמֵּי הָאוֹרָה
כָּל־הִרְהוּרֵי לִבֵּנוּ.

וְהִתְנַשְּׂאוּ לַמָּרוֹם בִּיעָף שׁוֹקֵק כַּיּוֹנִים,
וּבַמֶּרְחָק יַפְלִיגוּ, יֹאבֵדוּ;
וְעַל־פְּנֵי רִכְסֵי אַרְגָּמָן, אִיֵּי־זֹהַר אַדְמוֹנִים,
בִּיעָף דּוּמָם יֵרֵדוּ.

הֵם הָאִיִּים הָרְחוֹקִים, הָעוֹלָמוֹת הַגְּבֹהִים
זוּ בַחֲלוֹמוֹת רְאִינוּם;
שֶׁעֲשָׂאוּנוּ לְגֵרִים תַּחַת כָּל־הַשָּׁמַיִם,
וְחַיֵּינוּ–לְגֵיהִנֹּם.

הֵמָּה אִיֵּי־הַזָּהָב זוּ צָמֵאנוּ אֲלֵיהֶם
כְּאֶל אֶרֶץ מוֹלֶדֶת;

*10*

In the emptying public gardens
the last strollers break their walk
to lift their eyes and follow
the flight of the last stork.

The heart is orphaned.
Soon the cold rains will be drumming.
'Have you patched your coat for winter?
Stocked potatoes against its coming?'


# At twilight

Come to the window
now that the sun is dying.
Wind your arms about me
till we blend into one.

So linked, we shall lift our gaze
to the terrible brilliance,
and release our thoughts
into that blazing sea,

and they in a bird-like rustle
of wings will soar
into the distant heavens
and be seen no more,

until, still flying,
they descend at last
on purple crags
and radiant islands.

Those are the distant islands,
the high worlds we saw in dream,

שֶׁכָּל־כּוֹכְבֵי הַלַּיְל רָמְזוּ לָנוּ עֲלֵיהֶם
בְּאוֹר קֶרֶן רוֹעֶדֶת.

וַעֲלֵיהֶם נִשְׁאַרְנוּ בְּלִי־רֵעַ וְעָמִית
כִּשְׁנֵי פְרָחִים בַּצִּיָּה;
כִּשְׁנֵי אֹבְדִים הַמְבַקְשִׁים אֲבֵדָה עוֹלָמִית
עַל־פְּנֵי אֶרֶץ נָכְרִיָּה.

‏– תמוז, תרס"ב.

# שָׁחָה נַפְשִׁי

שָׁחָה נַפְשִׁי לֶעָפָר
תַּחַת מַשָּׂא אַהֲבַתְכֶם;
אַלְלַי, כִּי הָיִיתִי
אִסְתְּרָא בִלְגִינַתְכֶם!

וְלָמָּה שַׁתֶּם עַל־נָוִי?
מַה־חַטָּאתִי, מַה־כֹּחִי?
לֹא מְשׁוֹרֵר, לֹא נָבִיא–
חוֹטֵב עֵצִים אָנֹכִי.

חוֹטֵב עֵצִים, אִישׁ קַרְדֹּם,
עוֹשֶׂה מְלַאכְתִּי לְתֻמִּי;
וְרַד הַיּוֹם, וְיָדִי רָפָתָה,
וְקֵהָה שׁוֹבֵת קַרְדֻּמִּי.

but they made strangers of us
and our lives a misery.

Those are the golden islands
that we longed for
as one longs for a homeland,
which all the stars of night

pointed to, led us to,
with trembling rays of light.
And we have been abandoned
on those islands,

with no companions, no friends—
two flowers of the wilderness,
two lost seeking a world lost
without end, without end.


# My soul sinks

Under your love's burden
my soul sinks down, alas!
I, only a penny rattling
in your empty glass.

Why have you beset me?
What have I done wrong?
I, only a chopper of wood,
not a maker of song.

A woodcutter, a man of the axe,
working without complaining,
but the axe is blunted, the hand
hangs limp, the day is waning.

שָׂכִיר יוֹם קָצָר אָנֹכִי,
פּוֹעֵל נָטָה לִגְבוּלְכֶם;
וְלֹא עֵת־דְּבָרִים לִי עַתָּה,
וְלֹא יוֹם תְּרוּעָה לְכָלְכֶם.

אֵיכָה נִשָּׂא פָּנֵינוּ?
בַּמֶּה נְקַדֵּם יוֹם יָבֹא?
אִישׁ לְחֶשְׁבּוֹן עוֹלָמוֹ!
אִישׁ לְסִבְלוֹת לְבָבוֹ!
—י"א טבת, תרפ"ג, הומבורג.

# אָבִי

מוּזָר הָיָה אֹרַח חַיַּי וּפְלִיאָה נְתִיבָתָם,
בֵּין שַׁעֲרֵי הַטָּהֳרָה וְהַטֻּמְאָה נָעוּ מַעְגְּלוֹתָם יַחַד,
הִתְפַּלֵּשׁ הַקֹּדֶשׁ בַּחֹל וְהַנִּשְׂגָּב בַּנִּתְעָב הִתְבּוֹסֵס.
בִּמְעָרַת חֲזִירֵי אָדָם וּבְטֻמְאַת בֵּית מַרְזֵחַ,
בַּאֲדֵי נֶסֶךְ פִּגּוּלִים וּבְעַרְפִלֵּי קְטֹרֶת תּוֹעֵבָה,
מֵאֲחוֹרֵי חָבִיּוֹת מֶזֶג, עַל־גַּבֵּי סֵפֶר צָהֹב־גְּוִילִים
נִגְלָה עָלַי רֹאשׁ אָבִי, גֻּלְגֹּלֶת קָדוֹשׁ מְעֻנֶּה,
כַּעֲרוּפָה מֵעַל כְּתֵפָיו צָפָה בַּעֲנָנֵי עָשָׁן,
פָּנִים דָּוִים מִצַּעַר וְעֵינַיִם זֹלְגוֹת דָּם;
דּוּמָם עָמַדְתִּי בֵּין בִּרְכָּיו וְעֵינַי תְּלוּיוֹת בִּשְׂפָתָיו,
הָמוּ שִׁכּוֹרִים מִסָּבִיב וּסְבוּאִים סָפְקוּ בְקִיאָם,
מִפְלְצוֹת פַּרְצוּפִים נֶאֱלָחִים וְזִרְמַת לְשׁוֹן שִׁקּוּצִים,
נָעֲווּ הַכְּתָלִים מִשְּׁמֹעַ, הַחַלּוֹנוֹת חָפוּ פְּנֵיהֶם,
רַק אֶל אָזְנִי לְבַדָּהּ, אֹזֶן יֶלֶד לֹא מְטֻמָּאָה,
נָזַל וַיִּפַּךְ חֶרֶשׁ לַחַשׁ שְׂפָתַיִם טְהוֹרוֹת,
לַחַשׁ תּוֹרָה וּתְפִלָּה וְדִבְרֵי אֱלֹהִים חַיִּים.

לֹא־רַבַּת רָאִיתִי אֶת־אָבִי, לֹא־אָרְכוּ יָמָיו עִמִּי,
בְּעוֹדֶנִּי רַךְ וְקָטֹן וּבְטֶרֶם אֶשְׂבַּע צַלְמוֹ,
בִּקְרֹא עוֹד עֵינַי לְרַחֲמָיו וְרֹאשִׁי לְמַחֲסֶה יָדוֹ,
לְקָחוֹ הַמָּוֶת מֵעָלַי, הִפְרִיד בֵּין שְׁנֵינוּ לָנֶצַח,
אַךְ דְּמוּתוֹ צָפַנְתִּי בִּלְבָבִי, אֶקְרָאֶנָּה וְהִתְיַצָּבָה:

*14*

A hireling, I chanced on your woods,
looking for something to do—
in a time of no words for me,
no work for you.

How then shall we lift our faces?
How receive the morrow?
Let each take stock of his own world,
suffer each his sorrow.

# Orphanhood

Strange was the way of my life—its paths were paths of wonder,
meeting between the gates of purity and defilement.
Holiness wallowed in blasphemy, piety in the unholy.
There, in a human swine cave, in the sacrilege of a tavern,
in fogs of incense, in steams of impious libation,
behind the spiced-wine barrels, over a yellow-leafed volume,
my father's head appeared, the skull of a tortured martyr.
It floated over his shoulders (as if beheaded) in smoke clouds,
his face sick with sorrow, eyes shedding blood.
Silent between his knees, I hung on his every word,
as the sots roistered about me, as the drunks sprawled in their vomit.
The faces were monstrous, depraved, the words a filthy stream;
hearing, the walls made grimaces, the windows grew ashamed.
To a child's ear alone, a child still innocent,
the murmur of pure lips serenely, quietly flowed,
the murmur of Torah and Bible and the words of the living God.

Not long did I see my father, not long was my life with him.
When I was still young and tender, unsated with his look,
when my eyes still called for his mercy, my head for his
                                                          sheltering hand,
death came and took him from me, divided us forever;

כְּשׁוֹר יָגִיעַ כֹּחַ, מִתְנַהֵל דּוּמָם וּלְאַטּוֹ,
פּוֹסֵעַ בְּמוֹטוֹת עֻלּוֹ, רְחַב גֶּרֶם וּכְבַד צָעַד,
נִקְשֶׁה וּמִתְאַפֵּק וְשָׁוֶה, הוּא־הוּא בְּכָל־חֲלִיפוֹת הָעִתִּים,
בִּימֵי סַגְרִיר טְעוּנֵי זַעַף וּבִימֵי שָׁרָב קוֹדְחִים,
צָעַד קְדָרַנִּית וְהַסֵּעַ עֶגְלַת חַיָּיו, הַזּוֹחֶלֶת,
עֲמוּסָה אֲבָנִים לַעֲיֵפָה, בִּדְרָכִים כְּבֵדֵי עַבְטִיט
וּבְאָרְחוֹת עֲמֻקֵּי חוֹל וּמְעֻנָּנֵי תִימְרוֹת אָבָק,
מִפְרַקְתּוֹ שְׁחוֹחַת מוֹטָה, מִצְחוֹ חֲרוּשׁ דְּאָגָה,
וְעֵינָיו, בְּאֵרוֹת יָגוֹן, תּוֹהוֹת בְּאֶפֶס תִּקְוָה,
עַל־כָּל־פָּרָשַׁת דְּרָכִים וּלְיַד כָּל־רֹאשׁ נְתִיבוֹת:
הֲיָבֹא מֵאֲשֶׁר יָבֹא אֶחָד גּוֹאֵל וּמְרַחֵם?—
כָּכָה רְאִיתָיו תָּמִיד, וְנַפְשִׁי עָלַי הִשְׁתּוֹחָחָה,
בְּהִנָּתְקוֹ מִדֵּי בֹקֶר מֵעִם חֵיק אֱלֹהִים, מְקוֹר חַיָּיו,
עִם הִתְפַּשְּׁטוֹ מַחְלְצוֹתָיו הַטְּהוֹרוֹת, טַלִּיתוֹ וְטוֹטָפוֹתָיו,
וּבְעוֹד עֵינָיו בְּנַפְשׁוֹ וּלְבָבוֹ כְּכִנּוֹר פְּלָאִים יֶהֱמֶה,
וּבְעוֹד אָזְנוֹ נְטוּיָה אֶל רִנְנַת כּוֹכָבִים רְחוֹקָה,
יֵצֵא נִכְנָע וּמַחֲרִישׁ וְנָבוֹךְ כְּמִכֵּה יָרֵחַ
לָשׁוּב אֶל סִבְלוֹת יָמָיו הַזְּעוּמִים וּלְעִצְּבוֹן יָדָיו:
שֶׁבֶת יוֹם־תָּמִים אֶל־עַקְרַבִּים בְּתוֹךְ מִרְזַח סְרוּחִים,
גְּמֹעַ הֶבֶל פִּיהֶם וְהִתְגָּאֵל בְּרוּחַ שִׂפְתֵיהֶם.
יוֹם יוֹם־עֲלוֹת לְגַרְדֹּם, יוֹם יוֹם־הֻשְׁלַךְ לְגֹב אֲרָיוֹת.
וּבְשׁוּבוֹ לְעֵת־עֶרֶב הַחֶדְרָה כֻּלּוֹ שׁוֹתֵת קִיקָלוֹן,
נִתְעָב וְנֶאֱלָח עַל נַפְשׁוֹ, כְּמָשׁוּי מִמְּצוּלַת סֶחִי,
שִׁוַּע לִבִּי לַעֲנוּתוֹ, אֵלֶם יְגוֹנוֹ הִכְרִיעָנִי.
הָהּ, לוּלֵא קָטֹנְתִּי כָכָה, לוּלֵא רָפִיתִי כֹחַ,
וְאֶתְּנָה כְתֵפִי עִם כְּתֵפוֹ וְצַוָּארִי עִם צַוָּארוֹ אָשִׂים,
נָשֹׂא עִמּוֹ בָעֹל וְעָמֹס אִתּוֹ בַסֵּבֶל,
חֵלֶק כְּחֵלֶק נִמְשָׁכָה, אוּלַי יֵקַל־לוֹ בִגְלָלִי—
אֶפֶס כִּי קָצְרָה יָדִי מְאֹד וּתְפִלָּתִי בְחֵיקִי כָלָתָה,
וְהוּא גַלְמוּד כְּשֶׁהָיָה שֶׁרֶךְ נְתִיבוֹ, נְתִיב הַתְּלָאָה,
שָׁחָה לֶעָפָר נַפְשׁוֹ מֵרֹב נֶטֶל וְאֹמֶץ כֹּחַ,
וּבְהֶעֱקֵק הַמַּשָּׂא מְאֹד—לֹא עָמַד לִבּוֹ, כִּי נִשְׁבַּר,
וַיִּפֹּל תַּחְתָּיו פִּתְאֹם וַיָּמָת בַּחֲצִי יָמָיו.
כְּתוֹא מִכְמָר, עַל אֵם הַדֶּרֶךְ, כָּרַע נָפַל אָבִי.
נָפַל וְלֹא הוֹסִיף קוּם.

but his image is deep in my heart: I call and he stands before me:
like an exhausted ox treading dumbly, slowly,
moving under its yoke, wide-shouldered, heavy of step,
steady and stiff and restrained, unchanged by time's changes
(dull days of sullen rain, dog days of feverish wind),
treading in gloom and dragging his life's crawling wagon
loaded with wearying stones on roadways heavy with mud,
on pathways of shifting sand, forever clouded with dust,
neck bent under the yoke, brow furrowed with worry,
eyes deep wells of grief, blankly, hopelessly staring
at every crossing of pathways, at every meeting of roads:
will there come from wherever he comes a merciful one, a redeemer?
So have I always seen him (and my soul grew dejected)
—torn from God's lap in the morning, from the fountain of his life,
having doffed his garments of holiness, removed his *tefillin*
                                          and prayer-shawl,
when his eyes still beheld the soul, heart sang like a harp of wonder,
and his ears still heard the stars, still heard their distant murmur—
go out submissive and quiet like a somnambulist
to the suffering of his days and the sorrow of his hands:
he would sit his scorpion's day among stretched-out revelers,
drinking the steam of their mouths, defiled by the breath
                                          from their lips,
mounting the scaffold each day, thrown to the lions each day.
And when he returned in the evening, sweating with his disgrace,
drenched to the soul with disgust, as if from a pit of filth,
my heart for his suffering went out, I was smitten by his dumb grief.
If I had not been so young, if I had not been so weak,
I'd have put my neck to his neck, my shoulder to his shoulder,
bearing his burden with me, the yoke of his suffering,
If we had shared the burden, he might have found it lighter,
But wish exceeded reach, my prayers were all still-born.
He went his way as always, his lonely way of troubles,
soul bent to the ground with the burden and the effort,
and when they grew too much, his heart broke and he died.

*17*

וּבְיַרְכְּתֵי בֵית־הָעוֹלָם
מֵאֲחוֹרֵי פַרְבַּר הַזֶּפְתִים, מְעוֹן חֶלְכָּאִים,
בְּתוֹךְ קִבְרוֹת אֶחָיו, דַּלֵּי־עָם וְאֶבְיוֹנֵי־אָדָם,
בְּלֹא עִתָּם כָּמוֹהוּ שְׁפוּתִים לַעֲפַר מָוֶת,
רֻחַץ מֵאֲבַק חֶלְדּוֹ וּמְטֹהָר מִזֹּהַם יָמָיו,
לְבוּשׁ בַּדִּים, צְחִים כְּשֶׁלֶג בֹּקֶר וּכְנַפְשׁוֹ,
וַעֲטוּף טַלִּית בָּלָה, צְהַבָּה כִּגְוִילֵי סְפָרָיו
וּכְמוֹהֶם רָזָה כָלָה תְּפִלּוֹת וְרַחֲמִים,
נְשׁוּקַת שְׂפָתַיִם חֲרֵדוֹת וּסְפוּגַת רֵיחוֹת קֹדֶשׁ,
מִתַּחַת לְצִיּוּן עֵץ דַּל, נְבוּב נְסָרִים דַּקִּים,
בְּאֶחָד מִימֵי אֱלוּל מָצְאוּ עַצְמוֹתָיו מְנוּחָה,
וּכְתֹבֶת קְצָרָה מֵרֹאשׁוֹתָיו, חֲרוּתָה בְּיַד לֹא אָמָּן,
תָּעִיד עָלָיו נֶאֱמָנָה: "פ.נ. אִישׁ תָּם וְיָשָׁר".

## גַּם בְּהִתְעָרוֹתוֹ לְעֵינֵיכֶם...

גַּם בְּהִתְעָרוֹתוֹ לְעֵינֵיכֶם, וְעַד לְמַעֲמַקָּיו –
אַל תִּצְהֲלוּ כְאַבִּירִים.
אַךְ הָתֵל הֵתֵל בָּכֶם לְלֹא רַחֲמִים
וְעַד לְמְנוֹד רֹאשׁ לָעַג לְכָלְכֶם.
נְקֵלֵיתֶם מֵחֲשׂוֹף לָכֶם אַחַת מִנִּי אֶלֶף
מֵהֲגוּת לִבּוֹ עֲלֵיכֶם,
עַל־כֵּן יִתְגַּל, לְמַעַן הֶעְלֵם מְאֹד מֵעֵינֵיכֶם
וּלְמַעַן הַתְעוֹתְכֶם.
שָׁוְא תְּחַפְּשׂוּהוּ בְּמַחֲבוֹאֵי חֲרוּזָיו – גַּם אֵלֶּה
אַךְ כְּסוּת הֵמָּה לְצִפוּנָיו,
מִבַּעַד לְטוּרֵיהֶם, כְּמוֹ מִבֵּינוֹת לַחֲרַכֵּי סוּגַר,
לָבִיא לוֹהֵט וְזוֹמֵם יָצִיץ,
יִשְׁלֶה לְמַרְאֵה עַיִן, יִתְאַפֵּק אוֹ יִרְגַּן חֶרֶשׁ –
וְשָׁאֲגַת אֵשׁ עֲצוּרָה בְּעַצְמוֹתָיו.

In the middle of his days he fell down suddenly,
fell like a felled ox, down in the roadway
and never rose again.

   At the far end of the graveyard,
behind the slum of the tanners, the dwelling place of the poor,
among the graves of his brothers, the hungry, the poverty-stricken,
laid like himself in the soil of death before their time,
washed clean of the dust of his world and cleansed of the
                                    filth of his days,
in grave cloths white as his soul, white as the snows of morning,
wrapped in a shabby prayer-shawl, yellow as his books' pages,
pervaded like them with mercy, pervaded like them with prayer,
kissed by trembling lips and drenched with holy odors,
under a wooden grave mark of boards thin and hollow,
on a day of Elul, his bones at last found rest.
And over his head an inscription carved by no artist's hand
in faith attests: '*Hic jacet* a simple, honest man.'


# Do not, although…

   Do not,
although he has exposed himself to you
      in utter nakedness,
bellow like bulls; he mocks you pitilessly
      and makes you pitiful.
You are too small for the meanings of his heart.
      He will reveal
not even the thousandth part
      of what he thinks of you—
baring himself the better to conceal
      himself, to vanish from your eyes,
lead you astray.
      In the covert of his poems you search for him
in vain. They, too, conceal his secrets. But

לַיְלָה מְלֵילוֹת יָבֹא, וּבְעֶצֶם שְׁנַתְכֶם הַמְּתוּקָה,
יְבַהֲלְכֶם הֵד רַעֲמָה פִּתְאֹם,
מִמֶּרְחָק לֹא פִלַּלְתֶּם, מִילֵל יְשִׁימוֹן, תַּגִּיעֲכֶם,
וְאַתֶּם טֶרֶם תָּבִינוּ.
נִשְׁבַּר הַסּוּגַר בֶּן־לַיְלָה, הָיוּ בְרִיחָיו רְסִיסִים,
וְהַלָּבִיא נִמְלַט לִמְכוֹרָתוֹ.
עוֹד הַבֹּקֶר עִם פְּרֹץ שֶׁמֶשׁ, עַז־נֶפֶשׁ וְנָאְדָּר,
נִצָּב עַל קָדְקֹד צוּר יוֹפִיעַ,
בּוֹעֵר בְּזָהָב תַּלְתַּלָּיו וְנָאְפַּד רַעְמָתוֹ הַכְּבֵדָה—
כֻּלּוֹ אוֹמֵר: מֶלֶךְ!
עֵינָיו תִּרְשֹׁפְנָה בּוּז וְאַפּוֹ יָרִיחַ טָרֶף
וּתְרוּעַת דְּרוֹרוֹ שָׁרְשֵׁי הָרִים תַּחֲרִיד.
—ד' אדר, תרצ"א, לונדון.

between the verses, as between the bars
of a steel cage, a sly, a burning lion peers,
    seemingly calm, resigned, or growling quietly—
a roaring fire shut up in his bones.
    One night, in the midst of your sweet sleep,
from a distance that you cannot guess,
    from a howling wilderness,
suddenly you will hear
    the echo of its thunder in dismay.
You will not understand.
    But a cage will have been broken, a lock
shattered, the lion escaped to his home.
    And in the morning of that night, at rise of sun,
magnificent, strong-hearted, he will stand
    atop a rock,
burning in his golden curls, ringed by his mane,
    everything about him crying King.
His nostrils will scent the quarry; his eyes flame with scorn;
    his roar of freedom shiver the roots of the mountains.
                   —London 1931

## יעקב פיכמן

### רָזֵי נוֹף

אֵין דַּי לְצַיֵּר וְלִבְחוֹשׁ וְלָשִׂים
בְּיַד תּוֹאֲמָה אֶת הַכְּחֹל בַּוָּרֹד,
וְכֹה הָעֲלוֹת בִּצְבָעִים תּוֹסְסִים
נוֹפִים עַל הַבַּד וּתְמוּנוֹת וּמַרְאוֹת;
כִּי יֵשׁ לְהַשְׁהוֹת רְגָעִים נֶחְפָּזִים
וִזְכֹר וְהַקְשֵׁב וֶאֱסֹף הַפְּזוּרוֹת,
כִּי נוֹף הוּא לְכָד פִּלְאֵי־אֶרֶץ כְּמוּסִים,
וְהוּא גַּם חִדּוּשׁ הָעוֹלָם בַּנִּרְאוֹת;
וְיֵשׁ, כִּגְרוּטוֹת, מִכְמַנִּים כְּנוּסִים—
חֵן שָׁוְא, זֶה יַתְעֶה, לְהַשְׁלִיךְ לַמְּדוּרוֹת,
וּכְבוֹשׁ אֶת הַמְּעַט, הַשָּׁמוּר בִּרְמָזִים,
בְּחִידוֹת תּוֹךְ דָּמְךָ הָאֲפֵל עֲצוּרוֹת,
וּבוֹ הַנִּצּוּרוֹת וְהַהוֹד הַגְּנוּזִים;
וְיֵשׁ תָּו אֶחָד מִתְעַלֵּם,—הוּא יְקָרוֹת
תֵּבֵל לָךְ אָבְדוּ יַחֲשׂוֹף בְּלִי מֵשִׂים,—
אַל נָא תִתְיָאֵשׁ וְהוֹסַפְתָּ לִכְרוֹת,
בְּשַׁגְּם בּוֹ אַתָּה ה. וְהוּא כְּתַב־הָרָזִים,
וְהוּא שֹׁרֶשׁ כָּל חֵן וּמִבְחַר אוֹצָרוֹת.

### חַוָּה

אָהַבְתִּי אֶת אָדָם. הוּא כֵּאלֹהִים
חָכָם. וְהוּא עַז־לֵב, וְדָמוֹ טוֹב.
אַךְ הַנָּחָשׁ יִלְחַשׁ דְּבָרִים תְּמוּהִים,
וְלַחֲשׁוֹ מַכְאִיב וְגַם יְלַטֵּף.

22

# Yaakov Fichman

## The secrets of the landscape

It is hardly enough to stir and mix
with a matching hand the pinks and the blues,
in effervescent colours fix
landscapes on canvas, all sorts of views.
What is scattered, gather; listen and remember;
arrest the moments before they flee;
a landscape captures the secret wonder,
the world's renewal in what you see
False treasure like trash you must cast on the midden,
and the vain loveliness that led you astray;
rescue the little (that in hints hidden,
in the riddles of your dark blood kept from the day,
holds in its heart the secret, the glory).
One mastering stroke of your brush will lay bare
the world's dear things long lost and long buried.
Delve in that darkness and do not despair;
in that are *you*. The runes declare
the root of loveliness, the best of treasure.

## Eve

I love Adam. He is brave of heart,
his blood is generous; and he, like God,
is wise. But the serpent whispers things
that are so strange. They hurt—and they caress.

כִּי יֵרָדֵם אָדָם הַגַּן מִשָּׁמַיִם
וְצִפֳּרָיו שׁוֹתְקוֹת, דְּשָׁאוֹ רָטֹב,–
יִקְרָא לִי מִן הַסְּבָךְ, וְכִמְדוּרַת קְסָמִים
יַדְלִיק שִׂיחוֹ בַּלֵּב: לִקְטֹף! לִקְטֹף!

עִם שַׁחַר יַעַל, יַד אָדָם חַמָּה
לוֹטֶפֶת שׁוּב בְּשָׂרִי, וְכֹה יִרְוַח
לַלֵּב כִּי אַאֲזִין אֶת צְלִיל דָּמָהּ.

אָכֵן כָּל שִׂיחַ־יוֹם, בָּאוֹר יִרְגַּע,
כָּפוּף לְצַד אַחֵר, וְכָל חֶלְקָה
בַּגַּן קְסוּמָה עַד לֵיל מוּל צֵל הַסְּבָךְ.

## ירושלים

יְרוּשָׁלַיִם! צְלִיל הַלֵּב אֲכוּל־הַצָּמָא!
מֵעֵבֶר לֶהָרִים גַּן־הַשִּׁכְחָה לִפְלִיט־סְעָרָה!
אַתְּ הַהַכְנָעָה וְאַתְּ הַמֶּרִי וְאַתְּ הַדְּמָמָה,
לָךְ גַּם יִתְפַּלֵּץ לֵב וְלָךְ יְגוֹנוֹ קָרָא!

אֵין דָּבָר לִי מִלְּבַד שִׁמְמָתֵךְ הַנִּשְׁאָרָה.
וַאֲנִי נִשְׁבַּעְתִּי לָאוֹר מֵאָז וִירַק־אֲדָמָה!–
וְרָתוּק כְּשָׂפָיִךְ, כְּעֵץ בְּאַדְמַת־כֵּף הִתְעָרָה,
בָּךְ שָׁרְשִׁי חַי לָעַד וְנַפְשִׁי בָּךְ רָקָמָה.

אָהַבְתִּי אֶת־הַהֵד־לַחַיִּים הַנִּגְלָמִים
כִּבְלַבָּה קְפוּאָה בָּךְ עַד־כֹּה, וּתְרוּעוֹת־יָמִים
אֲשֶׁר יְנַגְּנוּ עוֹד מִסַּלְעֵי־דָמִי לְבָנִים.

לִי בְקָדְשָׁתֵךְ קְרָב, וְנֶפֶץ בָּאתִי סַלְעֵךְ
לְרַגְבֵי עָפָר קַל,–וּשְׁבוּי הָרוּחוֹת אַהֲלֵךְ,
וְהוֹד גֹּוֵעַ נָח עַל תַּלְמֵי חַיִּים רָנִים.

24

When Adam sleeps, Eden lies desolate;
its birds are silent and its grass is wet.
And then *he* kindles, calling from the thicket,
a bonfire in my heart 'Pick it! Pick it!'

How good to feel at dawn Adam's warm hand
caress my flesh again, and in the hush
listen to the coursing of its blood,
but every bush of day that drinks the light
bends to a darkness. Eden is enchanted
only till night awakes the shadow in the brush.

# Jerusalem

Jerusalem! Cry of the hungry heart, oblivion's
garden beyond the hills when refugees fled the storm—
silence you are, submission and rebellion.
Because of you, heart shudders, the griefs swarm.

By green of your earth I swear and by your sunlight.
I inherit the desolation that remains.
I stand like a tree in stone, by you held spellbound—
soul woven with soul, my root in your dry veins.

I love what survives in you as in cold lava,
the rejoicing sound of ancient days,
echoing still from your white rocks of silence.

But with your holiness is now my strife,
and I have come to smash rocks into clods.
Dead splendor rests on furrows of new life.

# יעקב שטיינברג

## כָּל הַקַּיִץ יָשַׁבְתְּ

כָּל הַקַּיִץ יָשַׁבְתְּ בְּאַפִּרְיוֹן הַתְּכֵלֶת,
אַתְּ, אַרְצִי הַקְּטַנָּה וְהַנָּאוָה:
דָּבַק מֵזַח־הַיָּם לִיפִי־דְמוּתֵךְ לְמִשְׁעִי—
עַד רוּחַ הַסַּעַר נָשָׁבָה.

וּבִנְשֹׁב רוּחַ סַעַר נִגְלֵית לִמְאַהֲבַיִךְ
הוֹמִיָּה וְנַעֲוָה מִדְּמָעוֹת:
רֶגַע נִשְׁמַט אֶל צַד זֶה הַמֵּזַח הַכָּחֹל,
וְחֲלִיפוֹת פָּנַיִךְ נִפְלָאוֹת.

## גשם בלילה

בְּלֵב לַיְלָה בַּחֹרֶף הָיְתָה שָׁעָה כָּזֹאת:
פִּתְאֹם נִתַּךְ לָאָרֶץ הַגֶּשֶׁם הָעַז,
וּבְפִיו לְשׁוֹן מָטָר דּוֹבֵר אֱמֶת וָרָז.

וַיְהִי גֶשֶׁם בִּיקָר: הָלוֹךְ יֵלֵךְ וּרְבוֹת,
קֶצֶב אֶחָד לִזְרָמָיו וְשִׁפְעוֹ לֹא תָם.
וּבְרֹב זְרָמָיו עוֹד יֵחַד מִזְמוֹרוֹ הָרָם.

וּבִקְרֹב הֲמוֹן גֶּשֶׁם אֶל מַעֲבָר לַחֲצוֹת,
לִשְׁעַת לַיְלָה הַסְּתוּמָה, בָּהּ לֹא יָלִין עוֹד קוֹל,
לִגְבוּל אֵלֶם הָאַחֲרוֹן בֵּין מָחָר וּתְמוֹל:—

26

*Yaakov Steinberg*

## All of a summer

My small, my beautiful land, all of a summer
you sat beneath a canopy of blue;
the clinging sea defined your figure clearly
until the storm wind blew.

The storm wind blew; and now you showed your lovers,
as for a breath the blue line disappeared,
a face they had not known—its marvelous changes
born in a storm of tears.


## Rain at night

In the heart of night, in winter, there was this hour:
suddenly down on the earth poured the strong rain—
and in its mouth the language of riddle and truth.

Magnificent rain of ever-increasing power,
with streams of an abundance never ending,
the many streams all blending in one song.

And when its plenitude approached past midnight,
night's secret boundary where sound no longer dwells,
the ultimate boundary of silence between yesterday and tomorrow,

שׁוּב יִתְפַּעֵם הַמָּטָר מִזֶּרֶם וּמִגְּאוֹת,
יָרוּץ דַּרְכּוֹ הַטָּהוֹרָה מִזְּבוּל שַׁחַק הֶחָי,
כְּמוֹ צִיר הוּא מִמָּרוֹם לָשֵׂאת דְּבַר אֲדֹנָי.


## עַד עֶרֶב

לֹא אֵדַע אִם אֵבְךְּ, אִם אֶתְגָּאֶה,
אַךְ זָר לִי מְאֹד דְּבַר הַתְּמוּרָה:
רַק חֵפֶץ מְעַט לִי בַּדְּבָרִים,
וּדְמוּתָם פִּי-אֶלֶף לִי בְּרוּרָה.

זֶה קֶסֶם, אוֹ מִשְׂחָק וּרְמִיָּה:
מִתְאָרֵךְ כְּעֵין שֶׁבַּל יְקָרוֹת–
כְּכָל אֲשֶׁר יִרְבּוּ הַיָּמִים
וַחֲלִיפוֹת הַחַיִּים נֶחְקָרוֹת.

אוֹ שָׁוְא הוּא לְנַחֵשׁ וּתְמֹהַּ
עַל גְּמַר יוֹם וָיוֹם הַקָּבוּעַ
הַדְּבָרִים כְּרְחוֹקִים וּשְׁקוּפִים
וְצַלְמָם עַד עֶרֶב יָנוּעַ.


## קַלּוּ זֶה-כְּבָר כָּל הַפְּחָדִים...

קַלּוּ זֶה-כְּבָר כָּל הַפְּחָדִים הַכְּבֵדִים:–
שִׁגָּיוֹן כְּבָר צֵרֵף אֶת סִיגָיו בַּמַּסָּה,
וְעַל מַחְשׂוֹף הַמָּוֶת כָּל-נַפְשִׁי מְכֻסָּה.

רַבּוֹת הָרָאֵיתִי:–וְרַבִּים הֵם עֵדִים
בֵּין טוֹבִים וְרָעִים כִּי שַׁבְתִּי לִכְרֹעַ
אֶל שָׁפָל וָדָל–אַחֲרֵי רְאוֹת מִגְבֹּהַּ.

the rain grew troubled, flowing and rising in flood,
running its pure way from the living temple of heaven,
like a messenger from on high bringing the word of God.

## Till evening

Whether to cry or whether to be proud,
I do not know. The change is very strange.
I hold less dear all worldly things, although
their forms become a thousand times more clear.

It is enchantment, deception, or a game,
and like a costly train grows ever longer.
The more my days increase, the more I note
the changes that life brings.

It is a vanity to guess and wonder
about the changeless end of every day:
things have become transparent and remote.
Their shadows move until the daylight fails.

## It has been long...

It has been long since first my fears grew light.
My stubbornness in the ordeal cast off its dross,
the whole of my soul concealed death's nakedness.

Much has been shown me. Many can testify,
among good men and bad, that I
now kneel before the humble and the poor,
who once looked down at them from a proud height;

גַּם אֲשֶׁר שַׁבְתִּי לִרְאוֹת גְּבוּל־הַקְּסָמִים
בֵּין אֲשֶׁר לֶעָתִיד, הָאַחִים הַשְּׁנַיִם—
לֹא כְּסוֹת לִי יָצַרְתִּי, לֹא גַאֲוַת שְׂפָתַיִם.

עָמָל עָמַלְתִּי עִם רַבִּים נִכְלָמִים
לִמְצֹא מַחֲבוֹא זֶה, אֲשֶׁר שָׁם לֹא־עוֹד נִירָא
אֶת בְּכִי בְּשָׂרֵינוּ וַאֲמִתָּם הַטְּמִירָה.


## סֹב אֶל פְּנֵי הָאַחֲרִית

סֹב אֶל פְּנֵי הָאַחֲרִית וּדְמֵה לְעָלֶה־שַׁלֶּכֶת,
זֶה כְּנוֹ מָט לִנְשֹׁר וְרִקְבוֹן פָּז עַל פָּנָיו:—
בְּאָדָם נֶאֱמָן תִּיף חֲרָטָה מְבָרֶכֶת,
וּגְאוֹן כָּל קֵץ יְסַפֵּר בְּרֶמֶז כְּמִישָׁה עָנָו.

עָמָל כָּל פְּרִיחָה בָּא וְתַם כְּחֵטְא קַדְמוֹנִי,
וּמְרִי כָּל רָצוֹן מָהוּל בְּקִנְאַת חַיִּים דְּלוּחָה;
אַךְ מִי זֶה, תָּם אוֹ עִקֵּשׁ וְיִתְעַב פִּתְרוֹן עֳנִי,
וְשָׂח בְּעַל הַתְּלוּנָה בְּלֶכְתּוֹ אֶל הַמְּנוּחָה?

הַפִּתְרוֹן דַּל וְעִוֵּר—אַךְ נֹחַם וַעֲנָוָה
יוֹבִילוּ אוֹתוֹ חֶרֶשׁ כִּדְמוּת שׁוֹשְׁבִינִין שְׁנַיִם;
וְהֵם יְהַלְכוּ בָטַח בַּנְּתִיבָה הַנֶּעֱצָבָה,
וְהֵם יֵיטִיבוּ רְאוֹת עַד קְצֵה כָּל גְּבוּל הַחַיִּים.

that I behold again the magic boundary
between those brothers: the future and happiness,
without lips' pride, without an armour for my nakedness.

I have striven long with many of the abashed
to find this refuge, where we need no longer fear
the weeping of our flesh, its hidden truth.


# Turn towards the end…

Turn towards the end, be a leaf dying—
rottenness gilding it, the stem collapsing.
A faithful crimson gives regret beauty,
a humble withering hints the pride of every death.

Like original sin is the toil of all blooming—
beginning and ending; and life-lust makes muddy
will's every rebellion. Who, twisted or innocent,
ought to disdain then what poverty offers,
and go towards his rest in the yoke of complaining?

Poor, blind the solution; but as the best man, the bridegroom,
meekness and solace silently lead him,
and they walk securely on the sad pathway,
beholding all clearly to life's last boundary.

# רחל

## הִיא אַחֲרָה לָבוֹא

הִיא אַחֲרָה לָבוֹא וּבְבוֹאָהּ לֹא הֵעֵזָה,
לֹא הֵעֵזָה לִקְרֹא: הִנֵּנִי! בְּדָפְקָהּ עַל דַּלְתוֹת הַלֵּב;
כַּעֲמֹד עֲנִיָּה עָמְדָה, וְיָדֶיהָ דּוּמָם הוֹשִׁיטָה,
וְעֶצֶב הָיָה מַבָּטָהּ, מִתְחַנֵּן, נִכְנָע וְעָצֵב.

וְעַל כֵּן חוֹרִים הַנֵּרוֹת אֲשֶׁר לִכְבוֹדָהּ הֶעֱלֵיתִי,
כְּאַחֲרוֹנֵי נְגֹהוֹת בְּהַאֲפִיר דְּמַדּוּמֵי סְתָו;
וְעַל כֵּן חֲרִישִׁית שִׂמְחָתִי, חֲרִישִׁית, מְהֻסֶּסֶת, מַדְאֶבֶת,
כְּהַדְאֵב תִּקְוָה נִכְזָבָה, כַּעֲנוּת צְפִיַּת־שָׁוְא.
‎—ירושלים, תרפ"ג

## יָגֹרְתִּי פֶּן יֵלֵךְ

יָגֹרְתִּי פֶּן יֵלֵךְ גַּם הוּא מֵאִתָּנוּ
בְּלֹא בִּרְכַּת הַפְּרִידָה...
כֹּה נוּגוֹת הָעֵינַיִם:
בְּזָוִיּוֹת הַפֶּה מְרִירוּת נִצְפָּנָה;
בְּשַׁעְשׁוּעֵי תִּינוֹקוֹת יִסְתַּכֵּל רְצִינִי,
יִגְעַשׁ וּלְפֶתַע יָדָם, כְּאוֹמֵר: הַכֹּל אֶחָד...

32

# *Rachel*

## Love was late in coming...

Love was late in coming, and coming
didn't dare call out: I am here,
while she knocked on the doors of the heart,
and stood as a poor man stands,
hands silently stretched out.
Her look was sad and imploring,
submissive and filled with doubt.

Pale are the candles, therefore,
that I have lit for her,
pale as the last flowers
in the autumn light;
hesitant my joy, therefore,
quiet and in pain
like the pain of hope disappointed,
or waiting, waiting in vain.

## He too will soon go away...

He too will soon go away
without a goodbye.
So his sad eyes say
and the bitterness that lingers
at the corners of his mouth.
Gravely he watches

וְעֶרֶב יִהְיֶה וּבִמְסִבַּת חֲבֵרִים מְקוֹמוֹ יִפָּקֵד.
וְנָשְׁכָה הַבִּטְחָה כְּפָתֶן.
וַחֲוָרִים נִתְרוֹמֵם כֻּלָּנוּ,
וְחָרַדְנוּ לְחַדְרוֹ וְהוּא אֵינֶנּוּ,
וְעַל גַּבֵּי הַשֻּׁלְחָן
אַחֲרוֹן מִכְתָּבוֹ יַלְבִּין...

## בִּבְדִידוּתִי הַגְּדוֹלָה

בִּבְדִידוּתִי הַגְּדוֹלָה, בִּדְידוּת חַיָּה פְּצוּעָה
שָׁעוֹת עַל שָׁעוֹת אֶשְׁכַּב. אַחֲרִישׁ.
הַגּוֹרָל בָּצַר בְּכַרְמִי אַף עוֹלֵלוֹת לֹא הוֹתִיר.
אַךְ הַלֵּב הַנִּכְנָע סָלַח.
אִם הַיָּמִים הָאֵלֶּה אַחֲרוֹנֵי יָמַי הֵם–
אֱהִי־נָא שְׁקֵטָה,
לְבַל יַדְלִיחַ מִרְיִי אֶת כָּחֲלוֹ הַשָּׁקֵט
שֶׁל שַׁחַק־רֵעִי מֵאָז.

## הַכְנָעָה

הוּא גוֹסֵס, הוּא גֹּוֵעַ, הַמֶּרֶד
הַגֵּאֶה, הָעַלִּיז, הָאָדָם.

34

children at their play,
or rages, and then grows suddenly still,
as if to say,
Nothing matters and nothing ever will.

We shall find him gone one night
from his place among his friends,
and suddenly pale with fright,
and a certainty of doom,
we shall all of us rush to his room.
He will not be there.
Only his last letter on a table,
staring blankly white.


# In my great loneliness…

In my great loneliness
of a wounded animal,
I lie for hours and hours. Lie silent.
Fate has harvested my vineyard, not even sparing
the young grapes.
But the humble heart has forgiven.

If these days are my last days,
I shall be quiet
lest my defiance sully
the peaceful blue of the sky,
My longtime friend.


# Surrender

He is breathing his last, my rebellion is dying—
that fiery, proud, and gay one.

הַכְּנָעָה–אַלְמָנָה חִוֶּרֶת
אֶל בֵּיתִי מִתְקָרֶבֶת דָּם.

תִּפְתַּח הָדוּקוֹת שִׁנַּיִם,
תְּרַפֶּה אֶגְרוֹפַי הַקְּמוּצִים,
וְאֵפֶר תַּחְפֹּן מְלֹא כַּפַּיִם
לְכַסּוֹת שְׁאֵרִית רִמְצִי.

תִּתְכַּנֵּס לְפִנָּה נִדַּחַת
מַחֲשָׁה וּמַרְכֶּנֶת רֹאשׁ.
וְאֵדַע נְכוֹנָה: הָאוֹרַחַת
אֶת בֵּיתִי לֹא תִטֹּשׁ, לֹא תִטֹּשׁ.


## שִׁשּׁוֹנוֹת זְעִירִים

שִׁשּׁוֹנוֹת זְעִירִים, שְׂמָחוֹת כִּזְנַב־לְטָאָה:
הַיָּם לְפִתְאֹם בֵּין שְׁנֵי בִּנְיָנִים בַּכֶּרֶךְ,
זְכוּכִית הַחַלּוֹן נוֹצֶצֶת בְּשֶׁמֶשׁ שׁוֹקַעַה–
הַכֹּל מְבֹרָךְ!

הַכֹּל מְבֹרָךְ, לְכֹל נְגִינַת נֶחָמוֹת,
בְּכֹל רְמָזִים טְמִירִים, וְהַכֹּל יִסְכֹּן
לַחֲרֹז עַל חוּטָיו אַלְמֻגֵּי הַמִּלִּים הַנָּאוֹת.
כְּיַד הַדִּמְיוֹן.

–תֵּל־אָבִיב, תרפ"ו


## נַפְתּוּלִים

אַלְלַי לִי! אַלְלַי... גּוֹבֵר הַיֵּצֶר,
נִמְשָׁכוֹת יָדַי מֵאֲלֵיהֶן
אֶל תִּפְאֶרֶת אֹדֶם וּבָרֶקֶת,
אֶל מִלִּים נָאווֹת כְּאֶבֶן־חֵן.

Surrender, a pale widow,
approaches my house in silence.

She pries my clenched teeth open,
loosens my fists closed tightly.
She fetches ashes in handfuls
to cover the last of my embers;

and with head bowed down and silent
creeps into a distant corner.
I know too well she will never
leave my house again.

# Tiny joys...

Tiny joys, joys like a lizard's tail:
a sudden sea between two city buildings in the west,
windows glittering in the setting sun—
everything blessed!

Everything blessed.
A consoling music in everything,
in everything mysteries and hints—
and everything waiting for corals of beautiful words
to be strung by the imagination on its string.

# Wrestling

Alas! When the instinct rules,
my helpless hands are drawn
to the glamour of ruby and pearl,
to words as beautiful
as any precious stone.

תְּבַצַּעְנָה אֶת אֲשֶׁר זָמְמוּ,
מַכִּירוֹת הֵן בְּכֹחָן כִּי רָב–
כָּהֲתָה עֵינִי מִשֶּׁפַע זֹהַר
וְאָזְנִי כָּבְדָה מִצְּלִיל זָהָב.

לֹא אֵדַע הַבְחִין בְּאוֹר הַשַּׁחַר,
לֹא אַקְשִׁיב לְקוֹל דְּמָמָה דַקָּה.
הַאֲנִי זֹאת, אֱמוּנִים נִשְׁבַּעְתִּי
לְמִלִּים פְּשׁוּטוֹת כִּצְעָקָה?!

–תרפ"ז

## עַל הַגֹּרֶן

לחיה זלצר

אַתְּ זוֹכֶרֶת? הָיִינוּ לָנוּת
עַל קָדְקֹד עֲרֵמַת הַדָּגָן,
הוֹי לִבְשֶׁת פָּנִים, עֵת קַו-שֶׁמֶשׁ רִאשׁוֹן
הֱעִירָנוּ צוֹחֵק בִּשְׁנֵי הַקִּלְשׁוֹן!

וּבַלַּיְלָה בִּשְׁנָת–
כֹּל פַּלְגֵי הָאוֹרָה
שֶׁהִשְׁקוּ שַׂדְמוֹת הַמְּכוֹרָה
עָבְרוּנִי, רִווּנִי, צִיּוּ בִּרְכָתָם.

וְעוֹדָם מְאִירִים לִי, עוֹדָם.

–תמוז, תר"ץ

38

They know its power is great.
What it plans they carry out.
It blinds with a shower of light,
makes deaf with a golden sound.

I cannot see the dawn
or hear the silences.
Was it I who swore faith to words
as simple as a shout?

# The barn

TO CHAYA ZELTZAR

We used to sleep, you remember,
on top of a heap of wheat.
The shame when the first rays woke us
as they smiled through a pitchfork's teeth.

And as we slept, you remember,
all the streams of light
that watered the fields of the homeland
poured through us in the night.

And as they poured, they blessed us,
renewed us and fulfilled us.

That light is with me still.

## לְיַד הַחַלּוֹן

לִשְׁכֶנְתִּי–טוֹבִיבָה

יֵשׁ גַּם נַחַת, גַּם מַשֶּׁהוּ נַחַת
בְּתֵבֶל הַנּוּגָה הַזֹּאת:
בֶּחָצֵר הַקְּטַנָּה, מִתַּחַת,
לִשְׁכֶנְתִּי–גִּנַּת יְרָקוֹת.

בַּגִּנָּה, בִּתְלָמֶיהָ הַשְּׁנַיִם,
תַּלְתַּלֵּי אֲפוּנָה יָפִים
וְצִנּוֹנִית חַכְלִילַת עֵינַיִם
וּזְנָבוֹת בְּצֶל חֲצוּפִים.

וּמִבֵּין הַתְּלָמִים מִתַּחַת
אֶל חַלּוֹן חַדְרִי הַמּוּרָם
דְּמוּת–עָבָר אֲהוּבָה וְנִשְׁכַּחַת
מְטַפְּסָה וּמַבֶּטֶת דּוּמָם.

## בַּלַּיְלָה בָּא הַמְבַשֵּׂר

בַּלַּיְלָה בָּא הַמְבַשֵּׂר
עַל מִשְׁכָּבִי יָשַׁב,
בָּלְטוּ עַצְמוֹת גֵּווֹ אֵין–שְׂאָר,
עָמְקוּ חוֹרֵי עֵינָיו.

אֲזַי יָדַעְתִּי כִּי נִשְׁבַּר
הַגֶּשֶׁר הַיָּשָׁן,
שֶׁבֵּין אֶתְמוֹל לְבֵין מָחָר
תָּלוּ יְדֵי הַזְּמָן.

אִיֵּם עָלַי אֶגְרוֹף רָזֶה,
נִשְׁמַע לִי צְחוֹק זָדוֹן:
אָכֵן יְהֵא הַשִּׁיר הַזֶּה
שִׁירְךָ הָאַחֲרוֹן!

# At the window

TO MY NEIGHBOR—TOVIVA

There is something after all of pleasure
in this sad world of ours:
in the small courtyard below, my neighbor's
garden of greens and flowers:

Two furrows of curling pea tendrils
aspiring towards the skies,
of onions over-cheeky
and radish with red eyes.

From the furrow below a figure
forgotten and loved in vain
climbs towards a high window
and peers silently through the pane.

# The messenger came in the night…

The messenger came in the night
and sat on my bed,
his body all protruding bones,
the eye-holes deep in his head;

and I knew time's hands were dangling
(as though the words were unspoken),
that the bridge between future and past
had broken.

A bony fist now threatened,
and I heard aghast
sardonic laughter that said:
'This poem will be your last.'

## מֶתַי

"רק המתים לא ימותו" י.ש.ק.

הֵם בִּלְבַד נוֹתְרוּ לִי, רַק בָּהֶם בִּלְבַד
לֹא יִנְעַץ הַמָּוֶת סַכִּינוֹ הַחַד.

בְּמִפְנֵה הַדֶּרֶךְ, בַּעֲרֹב הַיּוֹם
יַקִּיפוּנִי חֶרֶשׁ, יְלַוּוּנִי דֹם.

בְּרִית אֱמֶת הִיא לָנוּ, קֶשֶׁר לֹא נִפְרָד
רַק אֲשֶׁר אָבַד לִי–קִנְיָנִי לָעַד.

# My dead

*'Only the dead don't die'*

Only they are left me, they are faithful still
whom death's sharpest knife can no longer kill.

At the turn of the highway, at the close of day
they silently surround me, they quietly go my way.

A true pact is ours, a tie time cannot dissever.
Only what I have lost is what I possess forever.

# דוד פוגל

## בְּאֶצְבָּעוֹת עֲנֻגּוֹת

בְּאֶצְבָּעוֹת עֲנֻגּוֹת
פּוֹרֵט הַגֶּשֶׁם
מַנְגִּינַת־נְכָאִים חֲרִישִׁית
עַל עוּגָב הַלֵּיל הַשָּׁחוֹר.

עַתָּה נֶשְׁבָה בַחֲשֵׁכָה
אִישׁ בְּבֵיתוֹ
‎–הַיְלָדִים הֵן נִרְדְּמוּ–
וְנִשְׁתֹּק לַגֶּשֶׁם,
כִּי יָשִׂיחַ עֶצְבֵּנוּ.

כִּי אֵין עוֹד מִלָּה בְּפִינוּ,
רַגְלֵינוּ כָבְדוּ
מִן הַיּוֹם
וְאֵין בָּן הַמָּחוֹל עוֹד.

## בְּלֵילוֹת הַסְּתָו

בְּלֵילוֹת הַסְּתָו
נוֹפֵל בַּיְעָרִים עָלֶה לֹא־נִרְאֶה
וְשׁוֹכֵב דּוּמָם לָאָרֶץ.

בַּנְּחָלִים
יְקַפֵּץ הַדָּג מִן הַמַּיִם

# David Vogel

## With gentle fingers...

With gentle fingers
the rain is playing
a secret, sorrowful melody
on the black piano of night.

Now in the dark we sit
each in his home
—the children have fallen asleep—
listening to the rain
because it tells of our sadness.

Our mouths no longer have the words;
our feet are weary
with the day;
no dance in them any more.

## On autumn nights...

On autumn nights
a leaf falls in the woods unseen,
lies silently on the ground.

A fish leaps from the waters
of a stream,

וְהֵד נְקִישָׁה לַחָה
יַעַן בָּאֹפֶל.

בַּמֶּרְחָק הַשָּׁחוֹר
נִזְרָעוֹת דַּהֲרוֹת סוּסִים לֹא־נִרְאִים
הַנְּמַסִּים וְהוֹלְכִים.

כָּל אֵלֶּה יִשְׁמַע
הַהֵלֶךְ הֶעָיֵף
וְרַעַד יַעֲבֹר אֶת בְּשָׂרוֹ.


# דּוּמָם הִנְּךָ עוֹמֵד לְפָנַי

דּוּמָם הִנְּךָ עוֹמֵד לְפָנַי.
עֵינְךָ הַתְּכֵלָה
עוֹבְרָה נוֹגַהּ עָלַי
וְרוֹחֲפָה אֶל הָאֹפֶק.

אָנָה תִּשְׁלַח עַתָּה אֶת נַפְשֶׁךָ?

כָּל גַּעְגּוּעֶיךָ
עוֹד לֹא יָדְאוּ סְבִיבִי
כְּפַרְפְּרֵי רִקְמָה.

הִנְּךָ הוֹלֵךְ מֵעִמִּי, הַנּוֹדֵד.
אַךְ מַקֵּלְךָ הֶעָקֹם
יֵרָא דַרְכֶּךָ.

וּבִצְעֹד כְּבָר רַגְלֶיךָ בֵּין יַעֲרֵי הַמֶּרְחָק–
תּוֹךְ נַפְשִׁי הַכְּמֵהָה
צְעָדֶיךָ הַחֲשָׁאִים
דֹּם עוֹד יִרְעָשׁוּ.

נֶצַח יִרְעָשׁוּ.–

and in the dark
a flapping wetness echoes.

In the black distance are sown
hoofbeats of horses unseen,
dissolving.

All this
the weary wanderer hears
and trembles in his bones.


## Silently you stand before me...

Silently you stand before me,
your azure gaze
passes me sadly,
floats towards the horizon.

Where are you sending your soul?

Not yet do your longings
flutter around me
like brilliant butterflies.

A wanderer now, you are going from me.
But your crooked staff
will guide you.

And when your feet are treading the far wood
your quiet footsteps
in my yearning soul
will rustle silently.

Rustle endlessly.

## אוּלַמֵּי הַחַכּוּי

אוּלַמֵּי הַחַכּוּי לְרוֹפְאִים הַגְּדוֹלִים,
בָּם כְּבֵדֵי וִילָאוֹת לְסַךְ הַחַלּוֹנוֹת:
הֵמֵלַת בְּנֵי אָדָם וּמֵשֵׁק הַקְּרוֹנוֹת
מִתַּחְתִּית הָרְחוֹבוֹת אֲלֵיהֶם אֵין עוֹלִים.

מִסָּבִיב צִיּוּרֵי־זְמַן־חָלַף אֲפֵלִים,
דֹּם קָפְאוּ אַנְדַּרְטוֹת לְזִנּוּק נְכוֹנוֹת;
עָמְק הָאָדָם שֶׁל קִיר וַאֲרוֹנוֹת
וּדְמָמָה עַתִּיקָה תְּכַס כָּל הַכֵּלִים.

בִּדְמִי זֶה הַכָּבֵד הָאָדָם כִּי טָבְעָ,
וְאָבַד בִּרְפִידַת הַכִּסֵּא וְכָבָה–
וְדָמָה אַף הוּא פֹּה לִכְלִי עַתִּיק־יָמִים:

עַל רֹךְ הַמַּרְבַדִּים בְּקֶרֶב חֶרֶשׁ צָעַד–
וְנִרְגַּז מִנּוּחוֹ, וַעֲבָרוֹ הָרַעַד,
וְהֵישִׁיר לָרוֹפֵא מַבָּטָיו הַקָּמִים.

## קָרוֹן יְחִידִי וְאַחֲרוֹן

קָרוֹן יְחִידִי וְאַחֲרוֹן כְּבָר נָכוֹן לַדֶּרֶךְ,
הָבָה נַעֲלֶה וְנִסַּע,
כִּי לֹא יְחַכֶּה.

רָאִיתִי נְעָרוֹת רַכּוֹת בְּלֶכְתָּן
וּפְנֵיהֶן הַצָּרִים
הֶאְדִּימוּ וְאָבְלוּ
כִּשְׁקִיעוֹת אַרְגָּמָן.

–יְלָדִים עֲגֻלִים וּוְרֻדִים
שֶׁהָלְכוּ לְתֻמָּם,
כִּי נִקְרָאוּ.

48

# Waiting-rooms

Heavy curtains in the waiting rooms
of famous doctors drape the windows like a pall;
no distant murmur of men ascends to them,
no rattle of wagons from the streets below.

Around the room pictures of long ago
gaze darkly; statues freeze before they spring.
Deep is the red of cupboard and of wall;
an ancient silence covers everything.

A man drowns in these heavy silences,
lost in the chair's upholstery, a light put out,
an object like the objects all about.

But when on the softness of rugs a step draws near,
a shiver goes through him, shakes him out of his ease.
He stares at the doctor with great bulging eyes.

# A single and last carriage...

A single and last carriage is ready for the journey.
Let us get in—
it will not wait.

I have seen timid girls depart—
their narrow faces
flushed and mournful
like scarlet sunsets;

and round and rosy children
innocently ride off
simply because they were called.

רָאִיתִי אֲנָשִׁים,
גֵּאִים וּזְקוּפִים עָבְרוּ בִּרְחוֹבוֹת־תֵּבֵל,
עֵינֵיהֶם הַגְּדוֹלוֹת הִרְחִיקוּ
מֵאֶצְלָם וָהָלְאָה–
גַּם הֵמָּה כְּבָר עָלוּ בְּנַחַת
וַיִּסָּעוּ.

אַחֲרוֹנִים אֲנַחְנוּ,
הַיּוֹם יַעֲרֹב,
קָרוֹן יְחִידִי וְאַחֲרוֹן כְּבָר נָכוֹן לַדֶּרֶךְ,
הָבָה נַעֲלֶה דוּמָם
וְנִסַּע אַף אָנוּ,
כִּי לֹא יְחַכֶּה.–

And I've seen men
who walked the streets of the world
proud and erect,
their large eyes piercing far
from where they stood—
they too got into the carriage leisurely
and drove off.

We are the last.
The day is ending
and one last carriage is ready for the journey.
Let us step into it quietly and start—
we, too—
because it will not wait.

# אורי צבי גרינברג

## שיר הַשֵּׂכֶל הַגָּדוֹל

זֶה הַשֵּׂכֶל הַהוּא... הַקָּטָן, כְּאֶפְרוֹחַ רוֹפֵס הוּא;
הוּא פּוֹחֵד מִמֶּרְחָב... וּבְמִדַּת הַיָּם הוּא בּוֹחֵל;
גַּחֲלִילִית הַיַּעַר בַּלֵּיל וְקֵיסָם־בֵּית־מוֹזֵג הוּא
בְּלֵיל הַשָּׂדֶה לְעֵינֵי הָעֶגְלוֹן שֶׁנּוֹהֵג הוּא
קְרוֹנוֹ־וְסוּסוֹ לְאַט־אַט בֶּעָפָר וּפוֹהֵק הוּא...
זֶה הַשֵּׂכֶל הַהוּא, הַקָּטָן הֶעָנִי, הַמְשַׁמֵּשׁ
לְעֵסֶק יוֹמוֹ שֶׁל רוֹכֵל,
שֶׁבְּנַעֲוֹת הַלַּעַג לְמַרְאֵה תִּפְאֶרֶת לוֹעֵג הוּא.
הוּא הוֹלֵךְ בִּרְחוֹבֵנוּ סָמוּךְ לַגַּגּוֹת הַנְּמוּכִים
וּמְלַחֵךְ אֶת אֵזוֹב הַיָּמִים... וְשׁוֹתֶה מֵי מַרְזֵב,
וְרוֹאֶה בְכָל כֶּלֶב קָטָן מִין נָמֵר וּמִין זְאֵב.

אַךְ הַשֵּׂכֶל הַהוּא... הַגָּדוֹל, הַכָּנָף־בִּנְגֹהוֹת,
הַשַּׁלִּיט הָעֶלְיוֹן, הַמּוֹלֵךְ גְּבֹהוֹת,
מִיּוֹם עַם עַל נִירוֹ וְיָמוּ וּמַלְכוּ עֲלֵי כֵס
וְעֵינָיו הֲרֵי מוֹאָב רוֹאוֹת—
אֵינֶנּוּ בָזֶה. הוּא יוֹשֵׁב בְּקִנּוֹ כְּנִשְׁכַּח,
אַךְ חַי וְקַיָּם הוּא! אֲנִי שָׁר אֶל עַמִּי: זְכֹר נֶשֶׁר—
הַדַּעַת, יוֹשֵׁב בְּקִנּוֹ כְּנִשְׁכָּח... זְכֹר: נֶשֶׁר!
קְרָאֵהוּ לָבוֹא—וְיָבוֹא לְהַרְאוֹתְךָ אֶת הַגֶּשֶׁר
לְמַעֲבָר־מִכָּאן, מְקוֹם בְּצַת חֲלוֹם... אֶל הַפֶּשֶׁר.

אֶבְיוֹנִים כֹּה מִלְּבַר, מְרוּטֵי־מִכָּל־פְּאֵר, נַעֲוֵי דְמוּת,
וְלֹא כֵן בְּתוֹךְ־תּוֹךְ זֶה גּוּפֵנוּ, אֲשֶׁר הוּא עָמֹק
מִמִּדַּת הַגַּשְׁמִי אֲשֶׁר לוֹ: בּוֹ שְׁמוּרִים נֶחְבָּאִים

52

## Uri Zvi Greenberg

## Song of the great mind

That mind—the small one—is soft, like a pullet;
it is afraid of space and it loathes the dimensions of the sea;
it is a forest firefly at night,
a tavern's splinter of light in the meadow-night
to the eyes of the carter
as sluggishly he drives horse and cart
through the dust, and yawns.
Such is the mind—the small, the poor one—that serves
the peddler on his daily rounds;
and that twistedly scorns visions of glory.
It goes through our streets near the low roofs,
licking the moss of days, drinking from drainpipes,
seeing in every cur a kind of wolf or tiger.

That mind—the great one, the one winged with light,
the supreme ruler, the high king
(from the time the people inhabited their lands and waters,
and the king from his throne
beheld the mountains of Moab)—
is not here. It sits in its nest forgotten,
but it lives. I sing to my people: Remember the eagle!
Bid it come, and it will come,
to show you
the place of passage that leads from here, the swamp of dream…
to the meaning.

כְּבָהֵיכָל הַמּוּגָף, כָּל מִינֵי יְקָרוֹת וּפְלָאִים,
עֲדֵי יָבְקַע שַׁעַר־לֵב גָּדוֹל וְרָחָב בְּיַד בַּעַל־בּוֹקֵעַ
וּבְקֶרֶן־הָאַיִל תּוֹקֵעַ...

אֶל יוֹם זֶה אֲנִי שָׁר וּמְחַרְחֵר בְּכָל שִׁיר אֶת רִיב הַכִּסּוּף
בְּלִבּוֹת זֶה הַדּוֹר; וְכָל אוֹת מְשַׁשֶּׁפֶת שָׂפוּף.
וַאֲנִי תוֹפֵשׂ כָּל בּוֹגֵד־מִתְכַּסֶּה וְחוֹשְׂפֵהוּ חָשׂוּף:
זֶה הַמְלַמְּדֵנוּ לִהְיוֹת אֶל נָהָר כְּפִי סוּף—
אֶבְיוֹנִים כֹּה מִלְּבַר וּגְבִירִים־אַדִּירִים כֹּה מִלְּגוֹ!
אַדִּירִים כַּלְּבָנוֹן וְנִצְחִים כַּחֶרְמוֹן בְּשַׁלְגוֹ.
וְזֶה הַקֶּרַע בַּתָּוֶךְ?—אָמֵן, אֲנִי שָׁר אֶת הַיּוֹם
אֲשֶׁר בּוֹ יְחֻבַּר *קַו־פֶּלֶא־הַגֶּזַע* שֶׁטִּיטוּס הָרוֹמִי פִּלְּגוֹ.

# אֲנִי צָמֵא לַמַּיִם

אֲנִי צָמֵא לַמַּיִם, לַיַּיִן כְּבָר לֹא,
וְלָאוֹפְיוֹן לֹא.
יְהֵא בָּהִיר בַּמֹּחַ: לִנְקֻדַּת *אֲנִי שֶׁהִנֵּנִי*.
קַו הַמַּשְׁוֶה שֶׁלִּי—בְּהַכָּרַת הַיֵּשׁוּת.

צָהַלְתִּי כַּסְּיָח בַּשֶּׁמֶשׁ, הַגִּיל
עֲבָרַנִי אָפְלוּ בִּקְצוֹת הַסַּנְדָּלִים
וַיָּפַךְ בְּעִקְבוֹתַי.
עַתָּה אֵדַע: כִּי גִיל לֹא בָאֲנִי מִיָּמַי
לַחֲסַר מִיגוֹן, אֶלָּא לְסָפוּת.

So poor are we without, so twisted of shape, so shorn of glory;
not so within the body, which is more deep
than its bodily dimensions. In it hidden lie
as in a locked palace
all kinds of marvelous and precious things,
until the tall and wide gate of the heart
is broken through by the gate-breaker
blowing a ram's horn.

Towards that day I sing; and in the hearts
of our generation, in every song,
I stir up the strife of longing. My every syllable cuts.
I catch each traitor, though disguised. I strip him bare
who teaches us to be as a reed to the river.

So poor without, such mighty lords within!
Mighty like the mountains of Lebanon,
eternal like Mount Hermon in its snows.
And that sundering in the middle? Amen, I sing the day
on which the miraculous line of the race which Titus rent in two
will be joined.


# I thirst for water...

I thirst for water; wine is my need no longer,
opium no longer.
Let my brain be clear till I am that I am.
My equator—in consciousness of being.

I neighed like a colt in the sun. And joy,
even at my sandal's tip, invaded me,
brimmed at my footsteps.
Now I know: joy ever came to me
not to subtract from sorrow, but to destroy.

עַתָּה צוֹפֶה אֲנִי, כְּמוֹ יֶלֶד בָּרְאִי
וּמִשָּׁם צוֹפֶה בִּי: *מִי שֶׁדּוֹמֶה כֹּה לִי*.


## שִׁיר אֱלֵי אֲדָמוֹת...

לֹא נָרִים לַשָּׁמַיִם עֵינֵינוּ, אֵינֶנּוּ בְּנֵי נְפִילִים וּבְנוֹתָם.
מִי טֶבַע בְּנַפְשֵׁנוּ זֶה כֶּסֶף־אַכְזָב־לַשְּׂחָקִים כָּחוֹתָם?
וּבֶאֱמֶת: הִנְנוּ כָּעֵצִים שָׁרְשָׁם כָּאן... גּוֹרָלֵנוּ כְּמוֹתָם:
בְּשִׂמְחַת לִבְלוּב; בְּמַתַּן פְּרִי; בִּהְיוֹתָם בּוּל; בְּמוֹתָם
בִּידֵי הַכּוֹרֵת... כְּמוֹהֶם בְּסוֹד יַעַר, כֵּן אֲנַחְנוּ בְּסוֹד עַם.

שׁוּב אֵין לָנוּ כְּלוּם בַּשָּׁמַיִם... שָׁם *הֶסְתֵּר פָּנִים*:
עִם הַרְבֵּה־מְאֹד־תְּכֵלֶת וְהַרְבֵּה־מְאֹד־עֲנָנִים—

הַכֹּל־שֶׁאָבַד וְהַכֹּל־שֶׁעוֹד־יֵשׁ בַּאֲמִתּוֹ־וְחַסְדּוֹ וּבְמַכְאוֹב־מַחְטוֹ,
הִנָּם פֹּה בַּשְּׁטָחִים בָּעוֹלָם הַתַּחְתּוֹן:
פֹּה חֲבֵלָתְנוּ אִמֵּנוּ, פֹּה אָבִינוּ אָכַל אֶת תַּפּוּחַ רִאשׁוֹן.
פֹּה חָלַבְנוּ אֶת עֵדֶר רִאשׁוֹן וְסָמוּךְ תְּבוּאוֹת שָׁמֶשׁ הֵקִים בַּיִת נֶחְתּוֹם...
מַה טַּעַם לֶחֶם בַּר אָז! *בְּעִגּוּל הַלֶּחֶם הַזֶּה* עוֹד מַלְכוּת חַיֵּינוּ אִישׁ וְאִשָּׁה פֹּה נֶחְתָּם.

פֹּה יָצַקְנוּ נִיבֵנוּ הַטּוֹב לְמֵיטַב מַחֲשָׁבוֹת.
מֹר וְיַיִן בְּאֶלֶף הַשִּׁיר לִלְבְלוּב אֲהָבוֹת.
פֹּה הִפְקַעְנוּ גֵּץ אֵשׁ מִנֵּי סֶלַע שָׁכֵן וְנָמוּךְ
וּפֹה גַּם הֵנַפְנוּ דִּגְלֵי הַמַּרְדּוּת בְּסָמוּךְ—

נָא נוֹבִיל אֶת עֵינֵינוּ אֱלֵי אֲדָמוֹת וּלְלוּחוֹת אַסְפְּקְלָר שֶׁל נְהָרוֹת וְיַמִּים,
בָּם טְמוּנִים אֲבוּדֵינוּ, כָּל יַקִּירֵי־הַלֵּב־וְהַנֶּפֶשׁ הַחַמִּים.

גַּם חֶרֶב עַזֵּנוּ גְּנוּזָה פֹּה, פֹּה כִּתְּתָה הָאוֹיֵב לְמַכְתֵּשׁוֹת;
נִלְקַט מִכְתָּה לְמִכְתָּה, כִּי יֵשׁ בְּרָכָה בְּלִקּוּטוֹת;
וְנִזְרֹק לְתוֹךְ *כּוֹר־הַהִיתּוּךְ* כָּל חֶלְקֵי הַמַּכְתֵּשׁוֹת
וּכְמַתְכֹּנֶת דָּוִד נַעַשׂ חֶרֶב: לִכְרֹת בָּהּ בְּרִיתוֹת
עִם עַמִּים, *הַחַיִּים עַל אַתָּם עַל חַרְבָּם וְעַל שִׁיר*.
וַאֲשֶׁר יִתְנַכֵּל אֶל גִּזְעֵנוּ—בַּחֶרֶב נַדְבִּיר.

Now like a child I keep watch at the mirror, and see
someone there who watches me, so much resembling me.


# Song of earth

We shall not lift our eyes towards the heavens—
we are not the sons of the giants nor their daughters.
Who imprinted, like a seal, on our soul this fruitless sky-yearning?
In truth, we are like trees whose roots are here… our fate is theirs:
in the joy of blossoming, the giving of fruit, in being a stump;
                                                      and in their death
at the woodcutter's hand… As they are in the secret of the forest,
                                        we are in the secret of the people.

We no longer have anything in heaven… there a face is
                                                      turned away—
in so much blue, so many clouds.

All that is lost, all that still exists in its truth, its grace, its
                                                      needle-like pain,
exists here in the lower world:
here our mother conceived us, and here our father
ate the first apple;
here we milked the first goats, the baker erected his house
near the grain of the sun.
How good the bread tasted then.
Soon in this circle of bread, we, man and woman,
shall seal our life's kingdom.

Here we poured our good words, casting them into best thoughts,
myrrh and wine in a thousand songs for the blossoming of love,
here from a neighboring, lowly rock we struck a spark of fire,
and here we raised the banners of rebellion.

פֹּה, פֹּה לְמַטָּה, כָּל הַיָּקָר, כָּל הַקָּדֵשׁ, כָּל הֶחָמוּד,
כָּל הָאָבוּד, שֶׁבִּיגוֹנֵנוּ וְכִסּוּפֵינוּ עָלָיו גַּם נָמוּת—

## הַשָּׁעָה עֲיֵפָה

הַשָּׁעָה עֲיֵפָה מְאֹד כְּמוֹ לִפְנֵי הַשֵּׁנָה.
כֵּילֶד אָסוּפִי, בְּכָתְנְתִּי הַלְּבָנָה בִּלְבָד,
אֲנִי יוֹשֵׁב וְכוֹתֵב בֶּחָלָל כְּמוֹ עֲלֵי לוּחַ:
לֹא־אִכְפַּת, לֹא־אִכְפַּת.

אִם יָבוֹא הֶחָתוּל הַשָּׁחֹר אֶל הַכַּד וְיָלֵק
אֶת שִׁיר הֶחָלָב הַלָּבָן וְיַהֲפֹךְ אֶת הַכַּד,
אֲנִי אֶעֱצֹם אֶת עֵינַי לִישׁוֹן וְאִישַׁן עֲדֵי־עַד—
לֹא־אִכְפַּת, לֹא־אִכְפַּת.

Let us turn our eyes to the earth, to the mirrors of rivers and seas,
where our lost ones lie hidden, the warm ones dear to the heart,
>dear to the soul.

Here, too, lies hidden our strength's sword; and here it hacked
>to pieces
the enemy; and piece by piece we'll gather them because
in gathering there is a blessing.
And we shall cast into the melting pot
the pieces; like David, forge a sword with which to forge
a covenant with the peoples
who live by sword and spade and song.
Who seeks to destroy our blood, we shall slay him with a sword.

Here, here below are the dear, the holy, the lovely—
all the lost, for whom we shall yearn and grieve and even die.


# The hour is tired...

The hour is tired as if it were time for bed;
and like a foundling in a white nightshirt only,
I sit and write in the void as if upon a blackboard:
nothing matters, nothing matters.

If the black cat should leap among the platters, lap up
what's left of the white milk, and overturn the platters,
I'd close my eyes for sleep, I'd sleep forever—
nothing matters, nothing matters.

## שִׁיר אֱלֵי עֶלְיוֹנִים...

שִׂימוּ לֵב אֶל עַצְמֵנוּ, כִּי נִשָּׂא לַשָּׁמַיִם עֵינֵינוּ,
לְעֵת־כֹּסֶף־עֵת־עֹצֶב, כִּי יַעַל בָּרָן כְּסוּפֵנוּ:
כְּאִלּוּ בְּנֵי נְפִילִים הִנְנוּ וּבְנוֹתֵינוּ.
מִכֹּתֶם הַשֶּׁמֶשׁ הַזֹּאת הָיָה פַעַם נִזְרֵנוּ
וּמִטּוּב הַיָּרֵחַ הַזֶּה הָיָה פַעַם אַדְרֵנוּ.
בְּמַרְבַדֵּי הַתְּכֵלֶת הִצִּיעוּ אִמּוֹת יְצוּעֵנוּ
בְּזִיו כוֹכָבִים... לִפְנֵי אַלְפֵי שָׁנִים יַלְדוּתֵנוּ.
וְעוֹד כַּיּוֹם הֵן לֹא דַי לָנוּ שֶׁטַח לִבְלוֹב בִּזְמַנֵּנוּ,
שֶׁבּוֹ פֵּרוֹת חַיֵּינוּ נֹאכַל וּבוֹ נֵשְׁתְּ שִׁקּוּיֵינוּ.
בּוֹ מִזַּעַם־קְשֵׁה־שֵׁן גַּם נִטְחֹן לָאָבָק כְּבָלֵינוּ.
וְכָל סוֹד אָבְדָנֵנוּ נִרְאֶה בְזֶה רֶטֶט צִלֵּנוּ.
וְלֹא שְׂפַת הַשְּׁפֵלָה שְׂפַת־לִבֵּנוּ־נַפְשֵׁנוּ־דָמֵנוּ;
וְלֹא אֲוִיר־הֹוֶה־זֶה נִנְשֹׁם חַי, כִּי אֲוִיר קַדְמוּתֵנוּ
מֵעַל כָּל פִּסְגוֹת הַהֹוֶי וְצַמְּרוֹת־יוֹם־יוֹמֵנוּ.
כִּי רָן עֶלְיוֹנִים בְּעָמְקֵנוּ וְסוֹד כְּרִיתַת כְּנָפֵינוּ
מִזֶּה וּמִזֶּה לִכְתֵפֵינוּ —

וּבְכָךְ עֲשִׁירֵינוּ דוֹמִים לְעֲנִיֵּי עֲנִיֵּינוּ...
לֹא אֵדַע הֶבְדֵּל, לֹא אַרְאֶנּוּ בְּמֶשֶׁךְ חַיֵּינוּ
בֵּין בְּיַבָּשֶׁת וּבֵין עַל הַיָּם... כִּי הִנְנוּ
נוֹטִים לָעֹצֶב וְנוֹטִים לַכְּסוּף בְּגוּפֵינוּ;
וְנוֹטִים לִבְכּוֹת... וְאֶל הַשָּׁמַיִם בְּכִינוּ.

כְּנָדַרְנוּ לִזְכֹּר עֶלְיוֹנִים, לֹא נָפֵר זֶה נִדְרֵנוּ,
עַד בּוֹא הַגּוֹאֵל וּלְקַדְמוּת הַגְּדֻלּוֹת יוֹבִילֵנוּ.

# Song to heaven

Heed us when we turn our eyes to heaven
in a time of yearning, a time of sorrow,
when our yearning rises in song:
as if our daughters and we were descendants of the giants.
Once our crown was made of the sun's gold,
and our garments, once, of moon stuff.
Mothers prepared our beds on carpets of azure
in star brightness… our childhood ages ago.
And still today we have no space for blossoming,
in which to eat our life's fruit, drink its waters
and grind, in hard-toothed fury, our fetters into dust.
We see in our shadow's tremor the secret of our ruin.
Not the language of the lowlands is the language
of our heart, our soul, our blood;
and we breathe—alive—not the air of this present, but
—above the tree-tops of the usual and all the mountain
                                        peaks of dailiness—
the air of our ancient days.
For in our depths there lives the song of the heavenly ones,
our shoulders tell the secret of the clipping of our wings.

Our richest resemble in this our poorest poor…
I cannot distinguish between them. I have not my life long.
neither on sea or land, for our bodies
are given to sorrow and to longing,
given to weeping, and our weeping ascends to heaven.
Having vowed to remember the heavenly ones, we shall
                                        not break this vow
until the savior comes, to lead us
back to our ancient greatness.

## לֹא הָיִיתִי

לֹא הָיִיתִי מִיָּמַי בְּמִרוֹם הָאוֹלִימְפּוֹס הַמְנֻגָּן.
בְּעֵמֶק־הָאָדָם־הַחַי עִם הַלֶּחֶם גָּדַלְתִּי.
כְּכָל אָדָם שָׁתִיתִי מִמֵּימֵי הָעֵמֶק הַטּוֹבִים,
מִן הַמַּיִם שֶׁשָּׁתוּ הַפָּרוֹת שֶׁבִּשְׂרָן אָכַלְתִּי.

וְאֶת שֵׁבֶל הַמַּלְכָּה לֹא נָשְׂאוּ אֲבוֹתַי בַּגּוֹיִים.
הַקֵּיסָר לֹא קָרָא לָהֶם לֹא בִּיגוֹנוֹ וּבִגִילוֹ.
הֵם הָיוּ יְהוּדִים עֲנִיִּים וְזוֹרְחִים וּמְזַמְּרִים:
מַה שֶּׁהָרוֹעֶה הֶעָנִי מְחַלֵּל בַּחֲלִילוֹ—

לָכֵן טוֹב לִי לְהוֹלִיךְ אֶת עַצְמִי מִמַּכְאוֹב אֶל מַכְאוֹב,
כַּאֲשֶׁר מוֹבִיל הָרוֹעֶה אֶת כִּבְשׂוֹ מִמִּרְעֶה אֶל מִרְעֶה
וְהוּא נִזּוֹן מִדְּבֵלוֹת—

אַדְמֵי שׁוּלַיִם הַיָּמִים וְסוֹפֵי הַלֵּילוֹת.


## שִׁיר עַמִּי יָם עַמִּי יַעַר

אָדָם הַהוֹלֵךְ לוֹ בַּיַּעַר וְנוֹשֵׂא בּוֹ קוֹלוֹ
עוֹנֶה לוֹ הַיַּעַר הַגָּדוֹל בְּהֵדְהֵד
סִימָן שֶׁבָּא־בּוֹ הַקּוֹל וְהִרְעִיד אֶת לִבּוֹ הַיַּעְרִי
אֲבָל אָדָם הַהוֹלֵךְ עֲלֵי יָם וְנוֹשֵׂא קוֹלוֹ אֶל הַיָּם
אֵין עוֹנֶה לוֹ הַיָּם, הַמַּיִם *זוֹרְמִים לָהֶם כָּךְ*...
כְּקוֹל אָדָם עַל הַיָּם הַפָּתוּחַ כֵּן קוֹל הַחוֹזֶה
בְּעַמִּי־שֶׁהוּא־יָם... *עַמְיָם! עֲלֵי חֵבֶל רַבָּה.*

וְאוּלָם *עַמְיָם*, שֶׁהוּא יָם כְּלַפֵּי כָּל נְבִיאָיו,
הִנּוֹ יַעַר תָּמִיד בִּשְׁבִיל אֻמּוֹת הָעוֹלָם:
מִמֶּנּוּ הַטּוֹבִים בָּעֵצִים לָעַמּוּדִים וְלָאֲדָנִים
לְקוֹרוֹת הֵיכָל
וְעַל רֹאשׁ עַמִּי *עַמְיַעַר*—לַגּוֹיִים יִשְׁלְחוּ עֲנָנִים עֲנָנִים,
וְאֵלָיו יָבוֹאוּ לִכְרֹת... בּוֹ מִתְכַּנְּשִׁים הַסּוֹעֲרִים.
וְגוֹי כִּי יָקוּם מֵעֵבֶר *לְיַעַר עַמִּי*וְנָשָׂא קוֹלוֹ—

*62*

# I have never been...

I have never been at the top of wind-played Olympus.
I grew up with bread in the valley of living man.
Like every man I drank from the good waters of the valley,
from the waters lapped by the cattle whose flesh I ate.

My fathers bore no queen's train among the alien nations.
No emperor called for them either in joy or grief.
They were Jews—poor and shining and singing
what the poor shepherd pipes upon his flute—

It is good, therefore, to take myself from pain to pain
as the shepherd takes his sheep from pasture to pasture,
living on dried figs.

Red are the fringes of day, the ends of the night.


# Song of my people-forest, people-sea

When a man walks in the forest and lifts his voice there,
the great forest answers with an echo-echo,
a sign that the voice has entered and shaken its forest heart;
but when a man wanders the sea and lifts his voice to the sea,
the sea never answers, the water goes on flowing...
all the voice of a man on the open sea, such is the voice of the seer
in my people-that-are-a-sea... my people-sea! In the manifold world.

But my people-sea, who are a sea for all their seers,
are a forest everlasting for the peoples of the world:
giving the best of wood for pillars and sills
and roofs of palaces;
cloud after cloud will be sent on the head of my people-forest
to the alien nations; they will come
to lay the trees low. There the beasts of prey assemble.

עֲמִיַּעַר לוֹ יַעַן!
וְלֹא כֵן כִּי יָקוּם בּוֹ חוֹזֶה וְנָבִיא מְקִרְבוֹ אַדִּיר קוֹל,
בַּאֲשֶׁר יַעֲמֹד—שָׁם לֵב יָם... עַמִּי יָם!

אָכֵן קִלְלַת דּוֹרוֹת וְחַטַּאת דּוֹרוֹת...
עֶצֶב—שֶׁגַּם הַטֵּרוּף לֹא יָכוֹל לוֹ!
הַאִם מֵאֵת אֱלֹהִים זֶה הַדָּבָר הָאַכְזָר?

אַשְׁרֵי תָם אוֹ שׁוֹטֶה, אַשְׁרֵי שֶׁאֵינוֹ יוֹדֵעַ מַשְׁמָעוּת־תּוֹךְ זֶה
וְדוֹמֶה לַמְנַגֵּן הָעִוֵּר וְהַחֵרֵשׁ בְּעֵת יָדוֹ עַל הַנִּימִים...
וּכְמִי שֶׁהוֹלֵךְ עַל־פִּי־נֵס־בְּדִמְיוֹן אַחֲרֵי מַחֲרֵשָׁה בְּלֵב יָם
הוֹלֵךְ הָלוֹךְ וְחוֹשֵׁב: כָּאן שָׂדֶה... וְחוֹרֵשׁ תְּלָמִים עַל הַמַּיִם
וְזוֹרֵעַ זְרָעִים עַל הַמַּיִם...
אַךְ אוֹי לַחוֹזֶה־הֶחָכָם הַיּוֹדֵעַ סוֹד זֶה
*וְחִיל הוּא בְּשִׂכְלוֹ הַמֵּאִיר*
וְהַשֵּׂכֶל מַרְטִיט כְּלַפִּיד בָּרוּחַ...

הוּא *יוֹדֵעַ* כִּי זֶה יָם לֹא שָׂדֶה
אֲבָל—הוּא צוֹעֵד עַל הַיָּם וְחוֹרֵשׁ וְזוֹרֵעַ:
אוּלַי נֵס יִתְרַחֵשׁ וְאֵלֹהֵי הַדּוֹרוֹת הָאַכְזָר
יוֹלִיךְ פַּעַם־בִּזְמַן רוּחַ קָדִים
וִיצַו בַּיָּם: יַבָּשָׁה
וְהָיָה הַיָּם וְגַלָּיו לְשָׂדֶה וּתְלָמִים דְּשֵׁנִים
וַאֲשֶׁר זֶרַע בּוֹ עַל *דַּעַת הַנֵּס הַנִּכְסָף*
יַעֲלֶה־יַעַל יָרֹק וְזָהֹב:
כָּל עֵשֶׂב לְמִינֵהוּ, כָּל עֵץ וְכָל תְּבוּאוֹת שֶׁמֶשׁ.

כָּל יָמַי וְלֵילַי תְּפִלָּה הֵם עַל הַנֵּס.

When an alien people rise beyond my forest-people and lift
                                        their voices,
my people-forest will answer them!
Not so when a prophet and seer with powerful voice stands up
                                        from within them,
and where he stands, there is the heart of the sea... my people-sea!

In truth, a curse of generations, a sin of generations...
a sadness not even madness can overcome!
Is it of God, this cruelty?

Happy the innocent or fool, happy the man, ignorant of the
                                        heart of this,
like the blind and deaf harper when his hands are on the strings,
like the man who walks, led by imagination's miracle,
behind a plough in the heart of the sea,
and thinks: a field! And ploughs furrows in the waters;
a field! And casts seed upon the waters...
But woe unto the seer-sage who knows the secret,
a fear in his luminous mind
until his mind trembles, a torch in the wind...

He knows that this is a sea and not a field
but walks on the sea and ploughs and sows:
perhaps a miracle will happen; and the cruel god
of generations, leading a desert wind, will bid the sea to be
                                        a continent,
the sea and the waves of the sea turn field and its fat furrows,
and that which was sown in it in the knowledge of a
                                        longed-for miracle
rise green and golden,
every grass according to its kind, every tree, and all the grains
                                        of the sun.

All my days and all my nights are a prayer for the miracle.

# אסתר ראב

## סֶרֶנָדָה לִשְׁתֵּי צַפְצָפוֹת

הָעֶרֶב עָרַכְתִּי פְּגִישָׁה
עִם שְׁתֵּי צַפְצָפוֹת נַעֲלוֹת
וְדֶקֶל אֶחָד רָם;
גַּם מִשְׁכְּנוֹת־אָדָם
שֶׁמִּתַּחְתָּם–טוֹבִים, חַמִּים,
וּמְאֻשִּׁים–כְּכַוָּרוֹת;
אַךְ אֲנִי–
לִי טוֹב הַלַּיְלָה
עִם שְׁתֵּי צַפְצָפוֹת
וְדֶקֶל אֶחָד רָם;
וְעָבִים קַלִּים בְּצַמַּרְתָּם;
רֵיחַ שֶׁסֶק בַּגְּדֵרוֹת–
צְלָלִים עַל הָאַסְפַלְט.


## זֶמֶר עֲמָמִי

הַנָּמֵר הַגָּדוֹל
אֲהֵבַנִי–
וַאֲנִי אֲהַבְתִּיו:
הָיוּ לוֹ עֵינַיִם
כְּחֻלּוֹת־כְּבוּיוֹת
וְהָעוֹר תָּלוּי סְבִיבָן:
קְמָטִים, קְמָטִים...
חִפַּשְׂתִּי בֵּין הַקְּמָטִים
כְּחוֹל־עֵינָיו

## Esther Raab

## A serenade for two poplars

Tonight I have a date
with two tall poplars
and a tall palm.
Man's dwellings beneath
murmur like beehives,
are cosy, are warm.
But I—
I feel good tonight
with two poplars
and a tall palm—
light clouds in their branches,
quince fragrance in hedges,
shadows on asphalt.

## Folk tune

The great tiger
loved me—
and I loved him.
He had eyes
of an extinguished blue
with the skin sagging about them:
wrinkles, wrinkles…
I searched among the wrinkles
for the blue of his eyes

בְּמַיִם קָרִים בָּעֲרָפֶל;
הָיָה לוֹ רֵיחַ־יַעַר,
רֵיחַ צַיִד:
צַיִד חַיּוֹת וְנָשִׁים:
הוּא חַי
מֵעֵבֶר לַזְמַן,
הוּא הָיָה
"הַנָּמֵר הַנִּצְחִי"—
מַעֲנִיק הַהֲזָיוֹת
מַקְצִיב הַחֲלוֹמוֹת
וְצוֹבֵר הַכְּאֵבִים...

## הַיּוֹם עֲנָוָה אֲנִי

הַיּוֹם עֲנָוָה אֲנִי כְּחַיָּה,
שְׂטוּחָה כְּכָרֵי דֶשֶׁא רְווּיִים
בְּיָד קְטַנָּה שְׁמֶנָּה אוֹבִיל חַיַּי
אֶל הָרַחֲמִים וְאֶל הַיְלָדִים.
הַיּוֹם יִקְרַב אֵלַי
כָּל זָר וְכָל כּוֹאֵב,
כְּגֶשֶׁם סְבִיבִי יִשְׁתַּקְשְׁקוּ
מַתָּנוֹת־לִבְּבִי הַקְּטַנּוֹת
וְהַמָּחָר כְּבָר אֲנִי נוֹשֵׂאת—
כָּבֵד סָגוּר
וּמְזֻנָּק שׁוּב
אֶל הַבִּלְתִּי יָדוּעַ.

as for cold water
hidden in mist.
He smelled like a forest,
smelled like a hunter:
a hunter whose quarry
was wild beasts and women.
He lived beyond time.
He was
'the eternal tiger'—
granter of visions,
dispenser of dreams,
collector of pain.


# Today I am modest...

Today I am modest like an animal,
open like rain-drenched fields.
With a little fat hand I guide my life
toward compassion and children.
Every stranger, every sufferer
comes to me today.
The little gifts of my heart
patter about me like rain.
And I am already carrying Tomorrow—
a heaviness
closed
and leaping again
toward the unknown.

# יוכבד בת-מרים

## כַּפּוֹת זָהָב מִנְזָרִים יִשָּׂאוּ

כַּפּוֹת זָהָב מִנְזָרִים יִשָּׂאוּ.
צְלָבִים, צְלָבִים... נִלְאֵיתִי מֵרְאוֹת.
מְשָׁלִים אֶמְשֹׁל וְהֵמָּה לִי זָרִים.
אַחֶרֶת לֹא אֵדַע הֲגוֹת.

עוֹלֶה זֵכֶר מִדּוֹרוֹת כֶּחָזוֹן:
מִקְדָּשׁ, חוֹמָה וְגֵיא-חִזָּיוֹן,
הָמוּ דְרָכִים כִּנְחָלִים מִסָּבִיב
וְהָרֵי עָנוּ, הֵרִיעוּ בְרֹן.

עַתָּה בָּרְחוּ מִמֶּשָׁל הַחֶרְמוֹן,
לְבָנוֹן, הַכַּרְמֶל, גִּלְבּוֹעַ הָהָר.
אָבְלוּ גָלִיל וִיהוּדָה בַּמְּלִיצָה,
יָבְשׁוּ-דֶּקֶל וְאֶרֶז הַיָּקָר.

וָאִוָּתֵר רֵיקָה לְבַדִּי וּמְקַנְּאָה
לְכָל שְׂדֵמָה זְרוּעָה וְעוֹלָה כַּשִּׁיר.
גֵּרָה, זָרָה וּמְנֻדָּה בַּנֵּכָר
הוֹי, מִי יִתֵּן לִי שָׂדֶה וָנִיר.

מִי יִתֵּן בֵּיתִי וְאַבְרִיךְ כַּגָּמָל
וּמָשְׁכוּ יָמַי כְּפָרוֹת בָּעֹל.
וְדָמְתָה נַפְשִׁי כִּי תִבְכֶּה לְתַנִּים
וְתִצְהַל-תַּעַל כַּיָּם הַגָּדוֹל.

## Yocheved Bat-Miriam

## The monasteries lift gold domes...

The monasteries lift gold domes,
crosses, crosses. I weary, seeing them.
I speak in parables and they are strange;
otherwise, I could not meditate.

The memory of the ancient generations
rises like a vision: a temple strong and splendid.
The roads are humming like encircling rivers,
an exultant throng draws near.

We have fled, today, the parables of Mount Hermon,
of Mount Gilboa and the fields of Carmel;
Sharon and Galilee mourn only in the adage,
the lordly cedar only in the proverb.

Left with my poverty, I envy
every sown valley rising like a song.
An exile, strange to every wind,
may I be given field and fallow land.

Oh may my home be like a kneeling camel,
my days move onward like yoked mules;
my silent soul howls like the jackals,
and cries out like the sea!

# אֲבָנִים יְקָרוֹת

אֲבָנִים, אֲבָנִים יְקָרוֹת
אִמָּא בְּאֵין־רוֹאֶה הִסְתִּירָה.
בִּתְפִלָּה וַאֲנָחָה נֶחֱרָזוֹת
אַחַת מוּל אַחַת מַזְהִירָה.

וַתָּשֶׂם לְרֹאשָׁהּ מִטְפַּחַת
וַתִּקְשׁוֹר לָאוֹת לִי פְּעָמִים,
נָעוּ קְצוֹתֶיהָ הַלְּבָנִים
כְּצִפּוֹר טְמִירַת כְּנָפַיִם.

וַתַּעֲבֹר מִלְּפָנַי בִּשְׁתִיקָה,
רוֹתֶתָה, מֻפְלָאָה, רְחוּמָה.
וַיִּפֹּל לִלְבָבִי זֵכֶר
הַכְּנָעָה מְאִירָה וּדְמוּמָה.

וָאֶכְרַע מוּל בָּתֵּי הַקְּטַנָּה —
בְּעֵינָהּ מַה קוֹרְנָה הַדִּמְעָה!
וָאַבִּיט וּפֶתַע וְהִנֵּה
הִנֵּה אֲבָנֶיהָ שֶׁל אִמָּא.

# Precious stones...

Precious stones that my mother
hid when no one was by,
each shone next to each other,
strung by prayer and sigh.

Two knots in her kerchief were
her secret signalings.
For me its white ends moved
like a bird with hidden wings.

Tender, compassionate,
she went by silently;
the memory falls on my heart
of her shining humility.

Her eyes bright with tears,
I kneel before my daughter,
and my mother's precious stones
appear in the shining water.

# חיים לנסקי

## קָסַם לִי קָסְמָהּ הַלַּעֲנָה

קָסַם לִי קָסְמָהּ הַלַּעֲנָה
בִּמְרִירוּת מִיצָהּ חֲרִיף־הָרֵיחַ.
רַק לְמַעֲנָהּ, לְמַעֲנָהּ
נָד אֲנִי וָנָע־אָדָם אוֹרֵחַ.
נֶטַע־נוֹד חֲבוּט רוּחוֹת קָדִים,
עַל לֹא חֵטְא רָגוּם בָּרָד חַד־רֶגֶב,
שִׁיבָתוֹ הַלֵּזוּ הַיְרַקְרֶקֶת
לִי יָקְרָה מֵאַרְגָּמָן וְרָדִים,
אַף מִשְּׁנֵי שְׂפָתַיִךְ, בַּת הַיְּפִי!־
טוּר שִׁנַּיִךְ אֶל בִּצְחוֹק תַּחְשׂוֹפִי,
לֹא נָזִיר אֲנִי וְלֹא עָנָו־
קָסַם לִי קָסְמָהּ הַלַּעֲנָה.

–לנינגרד, במאסר, 25.12.1934

## מַעֲרִיב הַיּוֹם עַל הָאֲגַם

מַעֲרִיב הַיּוֹם עַל הָאֲגַם,
הַדָּגָה יָרְדָה לָנוּם בָּעֹמֶק.
כְּבָר שָׁבְתוּ עוֹפוֹת מִלַּהֲגָם;
מָה עָגוּם בְּרִשְׁרוּשׁוֹ הַגֹּמֶא!

הֵד קוֹל מָה וְהֵד קוֹל מִי קוֹבֵל
בַּקָּנִים הַמְפַרְכְּסִים הָאֵלֶּה?
הֵן שָׁמֵם הַחוֹף, מִימֵי תֵבֵל
לֹא דָרְכָה עָלָיו כַּף רֶגֶל הֵלֶּךְ.

74

# Hayim Lenski

## Wormwood has enchanted me...

Wormwood has enchanted me completely,
with bitterness of juices sharply smelling.
For wormwood's sake and only for its sake,
I wander, Cain, a man without a dwelling;
a shoot of wandering, by the east-wind beaten,
and for no sin, stoned by the sharp-edged hail.
Its hair of greenish-white is more compelling,
is dearer to me than the red of roses,
or even your lips' red, O Beauty's daughter.
No, do not mock me with your laughter.
I'm not a saint. I'm not an anchorite—
wormwood has enchanted me completely.

## Day turns to evening...

Day turns to evening on the lake.
The fish descend to sleep and the wave hushes.
Birds cease their chatter in the brake.
How melancholy are the rustling rushes!

The echo of what voice complains?
The echo of whose voice where the reeds sway?
The shore is desolate. No foot has trod these plains
since the world's first day.

עַל יָמִים שֶׁמְשָׁם שָׁקְעָה מִכְּבָר,
עַל כִּסּוּף שֶׁלֹּא נִתַּן לוֹ אֹמֶר,
עַל נְדוֹד הַסִּיס וְאַוָּז-הַבָּר –
עַל כָּל זֶה לוֹחֵשׁ לַיְאוֹר הַגַּמָּא.

–לנינגרד, במאסר, תרצ"ה

## צֵל קָלוּשׁ צָף

צֵל קָלוּשׁ צָף קַל עַל שֶׁלֶג שִׁלְהֵי אֲדָר.
שׁוּר! בִּיעָף זָרִיז פּוֹרֵחַ זַרְזִיר,
חַד חַרְטוֹם נִנְעָץ בָּאֹפֶק-מִסְדָּק
דַּק בֵּיצָה כֹּה גָּח אֶפְרוֹחַ.

עוֹד יוֹם! עוֹד יוֹם! יִפְרֹץ הַנַּחַל קְלִפַּת קַרְחוֹ.
עוֹד בִּדְמִי שָׂדוֹת יַךְ רַעַם רִאשׁוֹן.
אֶל קִנָּם בְּשִׁיר יָשׁוּבוּ עוֹפוֹת.
עוֹד אֶרְאֶךְ, אַרְצִי, אֶרְאֵכִי!

–1933

## אֵיזוֹ זַגּוּת

אֵיזוֹ זַגּוּת! זִיו רַךְ, זִיו רוּחָנִי כָּזֶה!
מַמָּשׁ לֹא יֵאָמֵן כִּי יְסֻפָּר.
רַק נֶשֶׁם קַל אֶחָד מֵעֹמֶק הֶחָזֶה
וְאֵין קִיּוּם בֶּן-רֶגַע לַמְחֻבָּר.

הַכֹּל נִתְלָשׁ וָעָף... אֵין פֶּלֶא כִּי עָלָה...
הָעֵץ! הָעֵץ כֻּלּוֹ יַגְבִּיהַּ עוּף.
לֹא נֵס וְלֹא נִסְתָּר. הַכֹּל נִגְלָה, נִגְלָה –
הָעֵץ, הָעֵץ כֻּלּוֹ יַגְבִּיהַּ עוּף.

תָּרִימָה קוֹל-אֵין הֵד; תַּרְכִּינָה רֹאשׁ-אֵין צֵל.
קַלּוֹת מִקּוֹרֵי שִׁלְהֵי-אֱלוּל.

Of longings that have found no words,
of days whose sun set long ago,
of the migrations of the birds—
the rushes whisper to the lake below.


## Lightly a slight shadow...

Lightly a slight shadow floats on the March snows.
Look! A starling is making its swift flight.
The horizon is pierced by its bill. A chick
from the crack of eggshell-thinness pecks its way.

Another day! Another day!
The stream bursts through its carapace of ice,
and the first thunder
shatters the silence of fields.
To their old nests birds return with a song.
My land, I shall see thee, I will see thee yet.


## Incredible splendor...

Incredible splendor—ethereal, delicate!
What transparency!
With one slight breath drawn from the deep breast,
the pattern that we know ceases to be.

Uprooted, everything is flying.
No wonder that a leaf—a leaf?—a tree is soaring.
There is no miracle, and not one thing is hidden.
Everything's revealed. The tree, the whole tree's soaring.

You raise your voice—no echo; you bend your head—no shadow:
You are lighter than the webs of late September.

מִנֵּטֶל מִשְׁקָלוֹ הַחֹמֶר מִתְנַצֵּל
כְּמֶן כְּתוּבוֹ שֶׁל דַּף רָשׁוּשׁ עָלֶעוּל.

## אוֹר, אוֹרִי

אוֹר, אוֹרִי! מִי עָלֶיךָ גָּזַר: "הִגָּנֵז!"?
הָהּ, תֵּבֵל חֶשְׁוָנִית אִי־זְרוּחָה!
כְּבָר בַּלֶּקֶשׁ נָדַם צְלִיל מַגָּל וּמַלְגֵּז,
קַשׁ גַּגֵּי שְׁטוּף מַלְקוֹשׁ אָסְרוּ חָג.

עוֹד מִכְתָּב לִי לִגְמֹר. מַה כָּבֵד הַמַּסְפֵּג!
רִבּוֹנוֹ שֶׁל עוֹלָם, מַה לְבָדוֹת?
וְכוֹתֶבֶת הַיָּד וְהַפֶּה מְפַהֵק:
"דָּרוּשׁ בִּשְׁמִי בִּשְׁלוֹמוֹ שֶׁל הַדּוֹד."
—מרינסק, סיביר, 5.6.1935

## נִזְדַּעְזְעָה הַלְּבָנָה

נִזְדַּעְזְעָה הַלְּבָנָה כַּאֲחוּזַת צְמַרְמֹרֶת,
עַד לִתְכֵלֶת קָפָא זָהֳרָהּ.
שָׁעָה תַּחֲלוֹף, אוֹ שְׁנִיָּה, אוֹ אַשְׁמֹרֶת—
הִיא תִּפְרוֹץ, הִיא תִּפְרוֹץ, הַסְּעָרָה.

טָטוֹס הוֹד מַעֲלַת קַדְרוּתָהּ בְּזַעַם
עַל יַמִּים וְאִיִּים וּמְדִינוֹת,
וַחֲמוּשֵׁי זַיִן־בְּרָקִים לִנְקוֹשׁ תֹּף הָרַעַם
יִנְהֲרוּ עֲנָנִים לִגְיוֹנוֹת.

כִּי מַזָּל מַאְדִּים הוּא סַנְדָּק דּוֹרֵנוּ.
יַד גּוֹרָל, אָחִי, אֵין לְהָשִׁיב.
זֹאת אֵדַע, כִּי סְבוּאֵי יַיִן טֵרוּף בְּשֶׁנֵּינוּ
נָגְרֵם אִישׁ גַּרְגֶּרֶת אָחִיו.

Matter shakes off the burden of its weight
as riffling a book's pages frees it of its words.


# Light, my light...

Light, my light, who commanded, 'Disappear!'
November world, world in darkness now.
The scythe lies silent in the field,
the roof-straw's drenched
with the last after-holiday rains.

And I have a letter to finish. The blotter is heavy.
There's nothing to say. And what can I invent?
Dear God!
The mouth yawns, the hand writes:
'Send Uncle my regards.'


# The moon's brightness...

The moon's brightness turns a freezing blue;
she trembles as if taken by a fever.
An hour will pass, a second, or a third—
and the storm will break forth in anger.

Over land and island, over the sea
her majesty the storm will soon be sweeping.
Armed with the lightning, to the beat of the thunder's drum,
cloud legions will come streaming.

Our generation's ruled by the house of Mars,
and the hand of fate cannot be stayed, my brother.
I know this well, since drunk with insanity's wine,
we kill each other.

בְּרַם, תָּסוּף הַסּוּפָה, יֵרֵד הַגֶּשֶׁם,
תִּתְנַעֵר רוּחַ נִיר חֲרִישִׁית,
וְהַפַּעֲמוֹנִית לְמַרְאֲשׁוֹת פֶּגֶר גֶּזַע
תְּצַלְצֵל בְּעִנְבַּל טַל: שַׁחֲרִית!

## מִסָּבִיב לָרֵחַיִם

הֻלֶּם טֶלֶף־סוּס וְנִצְנוּץ כְּלֵי־זַיִן...
נָאוּם הָאַטְמָן אֶל כַּת הַיְדָּמָקָיו:
"הַטּוֹחֵן הוּא זִ"ד." קָפְצוּ מִן הָאֻכָּף...
שְׁחוֹרֵי מַגָּף פָּרְצוּ אֶל הָרֵחַיִם,
יָצְאוּ סְמוּקֵי מַגָּף—

הֻלֶּם טֶלֶף־סוּס וְנִצְנוּץ כְּלֵי־זַיִן...
בָּא סַיָּר צָעִיר מִן הַחַיִל הָאָדֹם:
"אֶל אָבִי אָסוּר, אֶפְקָדֵהוּ לְשָׁלוֹם."—
פָּזִיז וְקַל קָפַץ אֶל הָרֵחַיִם,
יָצָא—קָדַר לוֹ יוֹם—

הֻלֶּם טֶלֶף־סוּס וְנִצְנוּץ כְּלֵי־זַיִן...
שָׁב סַיָּר צָעִיר אֶל מַחֲנֵהוּ, אֶל דִּגְלוֹ.
רוּחַ־סְתָו חָבְטָה הַקֶּמַח מִמְּעִילוֹ,
חָבְטָה מִכּוֹבָעוֹ, אַךְ הַצְּדָעַיִם
לֹא עוֹד יַשְׁחִירוּ, לֹא!—

—לנינגרד, 17.1.1934

## הַלַּיְלָה תּוֹךְ כִּלְאֵי פָרָצָה

הַלַּיְלָה תּוֹךְ כִּלְאֵי פָרָצָה
שְׁרִיקַת רַכֶּבֶת־הָרוּחוֹת.
לֹא־תִיר לֹא־נִים רַגְלַי קָפָצָה—
קָדִימָה, קָדִימָה, כָּל עוֹד כֹּחוֹת!

*80*

And yet the storm will end, a rain will fall,
a quiet meadow wind stir into being,
and over a dead tree trunk, a waking bluebell
with tongue of dew will carol in the morning.


## Near the mill

Clattering hoofs of horses, glitter of metal.
Hetman to Cossacks said:
'The miller's a kike!' And they leaped from the saddle.
Black were the boots that entered the mill;
the boots that left were red.

Clattering hoofs of horses, glitter of metal.
Said a Red-Army lad: 'For a lark,
I'll look in on my dad.' And he leaped from the saddle.
Bright was the day when he entered the mill,
and when he left, it was dark.

Clattering hoofs of horses, glitter of metal.
And the soldier turned him back
to his camp and his flag. And a fall wind scattered
the flour from his coat, the flour from his hair
that will never again be black.


## There broke into my cell...

There broke into my cell last night
a whistle from the train of winds.
Though I was half asleep, feet leaped ahead.
'Forward, while strength remains!'

קָדִימָה, קָדִימָה! וּכְהֶרֶף עַיִן—
עַל הַשָּׁלָב, עַל הַמִּפְתָּן.
אוֹתִי אַף אִישׁ לֹא שָׁאַל: מֵאַיִן?
אֲנִי לֹא שָׁאַלְתִּי שׁוּם אִישׁ: לְאָן?

שָׁטְפוּ אֲפֵלוֹת כְּזִרְמֵי זֶפֶת
מֵעַל וּמִתַּחַת חַלּוֹנִי.
לְשָׁלוֹם פְּרִידָה בַּעֲקֵב הָרַכֶּבֶת
נִפְנֵף סוּדָר שֶׁלֶג מִן הַקֹּטֶב הַצְּפוֹנִי.

הַנֶּגְבָּה, הַנֶּגְבָּה, אֶל תְּחוּם הַמּוֹלֶדֶת...
אַךְ מִי הֶחֱלִיף לִי חַלּוֹן בְּטַנְבּוּר?
הֵקִיצוֹתִי. בַּ"זְּאֵב" אֶצְבַּע מְתוֹפֶפֶת:
הָרֹאשׁ בַּמִּכְסֶה לְכַסּוֹת אָסוּר.

Forward! And in a flash I stood
upon a train step, at a door.
Nobody asked, 'Where from?' Nor I,
"Where are you headed for?'

Darkness flowed like streams of tar
round about my window pane
as shawls of snow from the north pole waved
goodbye to the departing train.

South to the homeland! But who had changed
the window to a drum and hit it?
A finger at the Judas-window rapped:
'Hiding beneath the covers not permitted.'

# נתן אלתרמן

## לֵיל קַיִץ

דּוּמִיָּה בַּמֶּרְחָבִים שׁוֹרֶקֶת.
בֹּהַק הַסַּכִּין בְּעֵין הַחֲתוּלִים.
לַיְלָה. כַּמָּה לַיְלָה! בַּשָּׁמַיִם שֶׁקֶט.
כּוֹכָבִים בְּחִתּוּלִים.

זְמַן רָחָב, רָחָב. הַלֵּב צִלְצֵל אַלְפַּיִם.
טַל, כְּמוֹ פְּגִישָׁה, אֶת הָרִיסִים הַצְּעִיף.
בְּמַגְלֵב זָהָב פַּנָּס מַפִּיל אַפַּיִם
עֲבָדִים שְׁחוֹרִים לְרֹחַב הָרְצִיף.

רוּחַ קַיִץ שָׁטָה. עֲמוּמָה. רוֹגֶשֶׁת.
עַל כִּתְפֵי גַנִּים שְׂפָתֶיהָ נִשְׁפָּכוֹת.
רַעַ יְרַקְרַק. תְּסִיסַת אוֹרוֹת וָחֵשֶׁד.
רְתִיחַת מַטְמוֹן בְּקֶצֶף הַשָּׁחֹר.

וְהַרְחֵק לַגֹּבַהּ, בִּנְהִימָה מְרֻעֶבֶת,
עִיר אֲשֶׁר עֵינֶיהָ זָהָב מִצְפּוֹת,
מִתְאַדָּה בְּזַעַם, בְּתִמְרוֹת הָאֶבֶן,
שֶׁל הַמִּגְדָּלִים וְהַכִּפּוֹת.

## יָרֵחַ

גַּם לְמַרְאֶה נוֹשָׁן יֵשׁ רֶגַע שֶׁל הֻלֶּדֶת.
שָׁמַיִם בְּלִי צִפּוֹר
זָרִים וּמְבֻצָּרִים.

# Natan Alterman

## Summer night

Silence whistles in the open spaces.
A knife in cat's eye glows.
Night. How much night! In the sky, stillness.
Stars in swaddling clothes.

A wide, wide time. The heart's clock strikes two thousand.
Dew, like a rendezvous, veils the eyelashes.
A streetlamp hurls black slaves across the pavement
as its gold whip flashes.

A summer wind wanders, dim and agitated,
lips tonguing the shoulders of the gardens.
A greenish evil. Suspicions, lights—fermenting.
A treasure seething under the froth of darkness.

And high on the mountain, with a famished roaring,
its eyes a golden fire,
wrathfully a city vaporises
amidst stone pillars, and soaring dome and spire.

## Moon

Even an old landscape has a moment of birth.
The birdless heavens
are impregnable and strange.

בַּלַּיְלָה הַסָּהוּר מוּל חַלּוֹנֵךְ עוֹמֶדֶת
עִיר טְבוּלָה בִּבְכִי הַצְּרָצָרִים.

וּבִרְאוֹתֵךְ כִּי דֶרֶךְ עוֹד צוֹפָה אֶל הֵלֶךְ
וְהַיָּרֵחַ
עַל כִּידוֹן הַבְּרוֹשׁ
אַתָּה אוֹמֵר–אֵלִי, הַעוֹד יֶשְׁנָם כָּל אֵלֶּה?
הַעוֹד מֻתָּר בְּלַחַשׁ בִּשְׁלוֹמָם לִדְרֹשׁ?

מֵאַגְמֵיהֶם הַמַּיִם נִבָּטִים אֵלֵינוּ.
שׁוֹקֵט הָעֵץ
בְּאָדָם עֲגִילִים.
לָעַד לֹא תֵעָקֵר מִמֶּנִּי, אֱלֹהֵינוּ,
תּוּגַת צַעֲצוּעַיִךְ הַגְּדוֹלִים.


# חִיּוּךְ רִאשׁוֹן

אַל תִּקְרְאִי לִי בִּשְׁבוּעָה נוֹאֶשֶׁת, אַל תִּקְרְאִי לִי בְּמִלִּים רַבּוֹת.
אֲנִי שֵׁנִית אֵלַיִךְ נֶאֱסָף, עוֹלֶה אֶל מִפְתָּנֵךְ מִכָּל דְּרָכַי.
וְהַמַּסָּע יָגֵעַ וְאֶבְיוֹן. אַל תִּקְרְאִי לִי בְּמִלִּים רַבּוֹת.
הַכֹּל, הַכֹּל נִרְגַּע וּמִתְפּוֹרֵר, אַךְ אַתְּ עוֹדֵךְ וְעוֹד הַלַּיְלָה חַי.
בִּתוֹר הוֹמֶה, בְּאֶגְרוֹפִים שְׁלוּחִים, עַל סַף הַלֵּב עוֹמְדִים הַרְבֵּה הַרְבֵּה דְּבָרִים—
וְעוֹד הַלַּיְלָה חַי. שׁוֹצְפִים יְעָרוֹתָיו. הַחֹשֶׁךְ מְעֻשָּׁן בְּכָל הָאֲרֻבּוֹת.
פּוֹתֵחַ הֶמְלוֹת כְּבֵירִים.

אִם נִשְׁאֲרוּ עֵינַיִךְ לְבַדָּן, בְּאֵבֶל עֲגוּלִים שֶׁל נְדוּדֵי שֵׁנָה,
אִם שְׁמֵךְ הַמִּתְרוֹנֵן בִּשְׁלֹשֶׁת מֵיתָרָיו נוֹתַר עָמוּס אָבָק סָגוּר, וְלֹא נָגֵן—
אִמְרִי לַדּוּמִיָּה רוֹצַחַת הַדְּמָעוֹת, אִמְרִי לְתוּגָתֵךְ הַזּוֹ הַנּוֹשָׁנָה,
כִּי אֲלֵיהֶן חוֹזְרִים, תָּמִיד חוֹזְרִים רֵיקָם, מֵאֲבוּקוֹת, מֵעִיר לוֹחֶמֶת, עֲשֵׁנָה,
לוּ פַּעַם, לוּ עוֹד פַּעַם לְחַבְּקָן.

גְּדוֹלִים, גְּדוֹלִים רִגְעֵי הַסּוֹף. כַּבִּי אֶת הַנֵּרוֹת. הָאוֹר זוֹעֵק לָנוּחַ!
פִּרְשִׂי אֶת שְׂתִיקָתֵךְ. הַמֶּרְחָבִים שָׁטִים. אֲנִי נוֹשֵׁם אֲוִיר בְּגֹבַהּ מְטֹרָף.
אַתְּ! מֵעוֹלָם עוֹד לֹא חָיִיתִי בָּךְ! אַתְּ יָם שֶׁלִּי! אַתְּ רֵיחַ־הַמּוֹלֶדֶת הַמָּלוּחַ!

Moonlit, under your window, lies your city
bathed in cricket-weeping.

But when you see that the path
still looks at the wanderer,
and that the moon
rests on a spear of cypress,
you ask in wonder: 'Are all of these still here?
Can I still whisper my greetings to them?'

The waters gaze at us from their lagoons.
The tree in its red of earrings keeps its silence.
Never, my God, shall the sadness of Your huge playthings
be uprooted from me.


# First smile

Do not call me with many words. Do not call me with
desperate vows.
I am gathered to you again.
From all my weary paths I climb to your threshold now.
Do not call me with many words.
Everything shrivels and rots. But you and the night still live.
So many things wait their turn at the threshold of the heart,
stand with fist extended, in an unruly queue—
and the night, the night still lives.
Its darkness smokes from chimneys, its forest rage.
And it uncages tumult like a zoo.

If yet your eyes remain, mourning in their sleepless rings,
or your name that made a music with its triple strings,
now covered with dust, and shut, no longer a source of song—
tell that old sorrow of yours, tell the silences
that murder tears: one always returns to them,
returns with an empty heart

רַק יֵשׁ וְזִכְרוֹנֵךְ הָיָה עוֹבֵר בִּי פֶּתַע, בִּקְפִיצַת נָמֵר, בִּמְעוּף דְּלָתוֹת וָרוּחַ,
בַּאֲשֶׁר מִסְעָר וּשְׁבוּר כָּנָף.

הֲלֹא יָדַעְתִּי—אַתְּ לִי מְחַכָּה. בַּצֵּל, בִּרְעֲדַת־שְׂפָתַיִם נְשׁוּכָה.
אֶת לַחֲשֵׁךְ שָׁמַעְתִּי מִתְעַלֵּף, מַדְבִּיק אֶת הַסּוּסִים, נִסְתָּר בַּכִּרְכָּרוֹת.
לֹא פַּעַם, בְּאָדִים שֶׁל חַג בּוֹדֵד מְאֹד, בִּהְיוֹת רֹאשִׁי גּוֹסֵס עַל הַשֻּׁלְחָן,
רָאִיתִי—אַתְּ יוֹצֵאת מִן הַזָּוִית. כֻּלָּם הָלְכוּ וְאַתְּ נוֹתֶרֶת בַּחֲשֵׁכָה
לְהַקְפִּיאֵנִי בְּיָדַיִךְ הַקָּרוֹת.

כִּי הַשָּׁנִים דְּמוּמוֹת עָבְרוּ עַל חַלּוֹנֵךְ, כִּי צָמֵד עֲגִילַיִךְ מֵת בְּתוֹךְ תֵּבָה,
כִּי הָרָזוֹן הַקַּר וְהַבּוֹטֵחַ אֶת פָּנַיִךְ כְּפָסַל סְתֵּת.
כִּי בְּצֵאתֵךְ אֵלַי, כּוֹשֶׁלֶת כַּחֲלוֹם, מוּל אֹפֶק הַמּוֹרִיד מָסָךְ עַל הַשְּׂרֵפָה,
שָׁמַרְתְּ לְמַעֲנִי אֶת הַיָּקָר מִכֹּל, אֶת הַשָּׁלוֹם לַכֹּל, פַּת עֶצֶב חֲרֵבָה
וְאוֹר חִיּוּךְ רִאשׁוֹן, נִצָּב—וּמִתְמוֹטֵט.

from blazing brand and torch, from smoking towns of war,
to embrace—if only once—to embrace them once more.

    Momentous the moments of the end!
Snuff the candles out. The light cries out for rest.
Enfold me in your silence. Distances are adrift.
And I am breathing air at a raving altitude.
    You! Never have I lived
in you! You are my sea, salt savor of my land!
Yes sometimes your memory will seize me suddenly,
With a tiger's hungry leap, with winds and flying doors,
With a tempestuous joy, with broken-winged happiness.

Somewhere in shadow, I know, you wait for me, a shade
with bitten, trembling lips. I have heard your whisper swoon,
catch up with the horses, hide in shed or stable.
How often amid the fumes of a lonely feast, my head
dying on a table, I have seen you in some nook,
when all the guests were gone, standing in the gloom
    to freeze me with cold hands.

For the swift, the silent years have gone past your door,
for in their little casket, your earrings lie dead,
for a leanness, cold and sure, has carved your face and head.
And when you come toward me, like a stumbling ghost, and stand
against a far horizon that shrouds with cloud the blaze,
you preserve for me what is most precious to me,
and redeems all my days: a dry crust of sorrow,
the light of a first smile—that crumbles to dust.

## הַחֹלֶד

לֹא לַהֶבֶל נִשְׁבַּעְתִּי לָךְ אָמֵן.
לֹא לַשָּׁוְא עֲקֵבַיִךְ אָשׁוּף.
עִם הַחֹלֶד חָתַרְתִּי מֵעֹמֶק,
וְכָמוֹהוּ עָקֵשׁ וְכָשׁוּף.

אֶת עַצֶּבֶת רֹאשֵׁי הַמַּקְרִיחַ,
אֶת יְגוֹן צִפָּרְנַי הַגְּדוֹלוֹת,
אֶת שְׁמְעִינִי בְּנֶפֶץ הַטִּיחַ,
בְּחֵרוּק הָרִצְפָּה בַּלֵּילוֹת.

מוּל מַרְאָה מְשֻׁבֶּצֶת בִּנְחֹשֶׁת,
מִתְנוֹעֵעַ נֵרֶךְ הָאֶבְיוֹן.
הַהוֹלְכִים אֶל פָּנַיִךְ בַּחֹשֶׁךְ,
בָּךְ צָפוּ מִכְּתָלִים וְחֶבְיוֹן.

וּבְצֵאתִי לְגַנֵּךְ כְּשַׁבְּלֶת,
סִנְוְרַנִי הַנֵּר בְּהִלּוֹ,
וְנוֹתַרְנוּ אֲנִי וְהַחֹלֶד
חֲשֵׁכִים וּסְמוּרִים לְמוּלוֹ.

\*

לֹא לַהֶבֶל נִשְׁבַּעְתִּי לָךְ אָמֵן
וּבַצַּר לִי גוּ-אֶרֶץ אָשׁוּף.
אֶל חַיַּיִךְ כָּלִיתִי מֵעֹמֶק,
כִּי הַחַי הוּא כְּשׁוּף עַל כְּשׁוּף.

תִּמְהוֹנִי אַתְּ! רְאִי מַה גִּלְעַגְתִּי,
מַה שֶּׁנַּנְתִּי לְכָתֵף וְעָמְדֵךְ.
גַּם עַל קָט וְטָפֵל לֹא דִלַּגְתִּי,
גַּם חָרַדְתִּי מִגִּיל בַּעֲדֵךְ.

מִסְּבִיבֵךְ מַחֲשַׁבְתִּי מְהַלֶּכֶת,
מַחֲשַׁבְתִּי מְסַמֶּרֶת הָעוֹר,

# The mole

Not in vain I vow to be faithful,
not in vain I tag at your heels.
With the Mole I struggled from darkness,
stubborn and under a spell.

You, grief of the nails on my fingers,
you, woe of my head growing bald,
hearing me in the cracking of plaster,
in the spreading silence of mold.

In a mirror inlaid with copper
your humble candle sways.
Those who go toward your face in the darkness
have watched from their hiding-place.

But when I stole forth to steal you,
your candle blinded me.
Bristling and dark before it
remained the Mole and I.


\*


Not in vain did I vow to be faithful.
Assaulting the earth where I dwell,
I longed toward your life from my darkness,
for life casts spell upon spell.

See me absurd, my wonder!
Rehearsing you clue by clue,
the way you stand, your gestures.
And trembling with you for you.

My every thought besieged you—
the hairs of my head upright

עַל נְזִיד־הַפָּרוּר וְהַלֶּחֶם
וְהַגֵּר שֶׁיַּסְפִּיק לַמָּאוֹר.

וַאֲנִי הַגּוֹחֵן אֶל יָדַיִךְ,
מְיַגֵּעַ וְזָקֵן כְּאִמֵּךְ.
וְנוֹשֵׂא אֶת עֲנִיֵךְ וּמְרוּדַיִךְ
בְּלִי מִפְלָט וּמָנוֹחַ מִמֵּךְ.

אַתְּ עַצֶּבֶת רֹאשִׁי הַמַּקְרִיחַ,
אַתְּ יְגוֹן צִפָּרְנַי הַגְּדוֹלוֹת,
טִרְדָּתִי הַכְּבֵדָה מֵהַשְׁכִּיחַ,
מוּעָקַת הִרְהוּרַי בַּלֵּילוֹת.

כִּי נִשְׁבֶּרֶת הִנָּךְ כְּשִׁבֹּלֶת
וְצָרֵינוּ עוֹמְדִים עַל תִּלָּם,
וְנוֹתַרְנוּ אֲנִי וְהַחֵלֶד
חֲשֵׁכִים וּסְמוּרִים לְמוּלָם.

וּבְמַרְאָה מְשֻׁבֶּצֶת בִּנְחֹשֶׁת
מִתְנוֹעֵעַ הַנֵּר הַלּוֹחֵךְ.
אַתְּ רוֹאָה אֶת פָּנֵינוּ מֵחֹשֶׁךְ,
וְיוֹדַעַת כִּי לֹא נִשְׁכָּחֵךְ.

כִּי חָצוּי הָעוֹלָם, כִּי הוּא שְׁנַיִם,
וּכְפוּלָה הִיא הֵמְיַת מִסְפָּדוֹ,
כִּי אֵין בַּיִת בְּלִי מֵת עַל כַּפַּיִם,
וְאֵין מֵת שֶׁיִּשְׁכַּח אֶת בֵּיתוֹ.

וּבְלִי קֵץ אֶל עָרֵי נְכָאֵינוּ
יוֹשְׁבֵי חֹשֶׁךְ וְתֵל נִבָּטִים.
נִפְלָאִים, נִפְלָאִים הֵם חַיֵּינוּ,
הַמְּלֵאִים מַחֲשָׁבוֹת שֶׁל מֵתִים.

as I thought of bread on the table
and the candle shedding its light.

Bent and old like your mother,
I held you to my breast,
bearing your misery for you
without refuge from you or rest.

You—grief of the nails on my fingers,
you—woe of my balding head,
burden of my midnight brooding,
burden I cannot forget.

Because our foes persevere,
and you break like a stalk of grain,
bristling and dark before them only
Mole and I remain.

In a mirror inlaid with copper
see the candle flicker and spark.
Never shall we forget you,
our faces say from the dark.

For the world is riven, and double
the clamor of its distress.
For no dead have forgotten their dwellings,
all dwellings mourn somebody dead.

At our cities of sorrow forever
gaze the dwellers of darkness and mound.
The glory of our days brims over
with thought of the dead underground.

הָעַלְמָה

דֹּם טָוְתָה הָעַלְמָה בַּפֶּלֶךְ
חוּט שָׁנִי כְּרִמּוֹן שָׁחוּט.
וְאָמַר בִּלְבָבוֹ הַמֶּלֶךְ:
הִיא טוָֹה לִי בִּגְדֵי מַלְכוּת.

דֹּם טָוְתָה הָעַלְמָה בַּפֶּלֶךְ
חוּט שָׁחוֹר, הַמַּחְשִׁיךְ אוֹר יוֹם.
וְאָמַר הַשּׁוֹדֵד בַּכֶּלֶא:
הִיא טוָֹה לִי בִּגְדֵי גַרְדֹּם.

דֹּם טָוְתָה הָעַלְמָה בַּפֶּלֶךְ
חוּט זָהָב, כְּחַרְבוֹת בָּרָק.
וְאָמַר הַלּוּלְיָן בַּדֶּרֶךְ:
הִיא טוָֹה לִי בִּגְדֵי מִשְׂחָק.

דֹּם טָוְתָה הָעַלְמָה בַּפֶּלֶךְ
חוּט אָפֹר, הוּא אֲבִי כָל כְּסוּת.
וְאָמְרוּ פוֹשֵׁט־יָד וָכֶלֶב:
הִיא טוָֹה לָנוּ בֶּגֶד בְּכוּת.

אָז אָרְגָה אֶת חוּטֵי הַפֶּלֶךְ
הָעַלְמָה, וַתִּתְּנֵם בַּסָּךְ,
וַתֵּרֶד אֶל מֵי הַפֶּלֶג
וַתִּרְחַץ אֶת בְּשָׂרָהּ הַצַּח.

וַתִּלְבַּשׁ אֶת מַטְוֵה הַפֶּלֶךְ
לְשִׂמְלָה לָהּ, וַתִּיף לָעַד.
וּמֵאָז הִיא שׁוֹדֵד וָמֶלֶךְ
וְלוּלְיָן וּפוֹשֵׁטַת־יָד.

# The spinner

Silent the girl at the spindle
spun a scarlet thread.
She has spun me a royal mantle,
a king in his throne-room said.

Silent the girl at the spindle
spun a black midnight thread.
She has spun me a robe for the scaffold,
a thief in his dungeon said.

Silent the girl at the spindle
spun a golden thread.
She has spun me a garment to play in,
a wandering mummer said.

Silent the girl at the spindle
spun an old grey thread.
She has spun us a coat to mourn in,
a beggar and his mongrel said.

She took all the threads from the spindle
for the last robe she would spin.
Then down she went to the river
and washed her pure white skin.

And she put on the robe of her weaving—
no brighter ever was seen.
And now she is thief and beggar,
and she is mummer and queen.

## הַצֵּל

הָיוּ פַּעַם אִישׁ וְצִלּוֹ.
לַיְלָה אֶחָד הַצֵּל עָמַד.
נָטַל נַעֲלֵי הָאִישׁ וּמְעִילוֹ,
נָעַל, לָבַשׁ. עָבַר מִצַּד אֶל צַד,
הֵסִיר גַּם אֶת מִגְבַּעַת אֲדוֹנָיו מִן הַקּוֹלָב,
נִסָּה לְהָסִיר גַּם רֹאשׁוֹ מֵעָלָיו,
לֹא הִצְלִיחַ. הֵסִיר מִמֶּנּוּ אֶת פָּנָיו,
לָבַשׁ גַּם אוֹתָן, לֹא הִתְעַצֵּל.
בַּבֹּקֶר יָצָא הַחוּצָה עִם מַקֵּל.

רָץ אַחֲרָיו הָאִישׁ בָּרְחוֹב,
צוֹעַח אֶל מַכָּרָיו: זֶה מַעֲשֶׂה נוֹרָא!
זֶה צֵל! זֶה לֵץ! זֶה לֹא אֲנִי! אֲנִי אֶכְתֹּב
לַשִּׁלְטוֹנוֹת! הוּא לֹא יוּכַל לִי! כָּךְ צוֹעַח מָרָה,
אֲבָל קִמְעָה קִמְעָה הָרְגֵּל, שָׁקַט. לְסוֹף
נִשְׁכַּח מִמֶּנּוּ הַמְּאֹרָע.

# The shadow

There was a man and his shadow.
And standing up one night, the shadow took
his master's coat and shoes,
put on the shoes, got dressed.
Crossing the room, he took
his master's hat from off a hook,
tried to take off his master's head as well.
In vain.
He took the face instead,
and before you could say boo had clapped it on.
He left the house in the morning with a cane.

His master pursued him down the street,
yelling to those who knew him as he ran:
'Terrible! Terrible!
That thing's a shadow! A charlatan!—not a man.
It certainly isn't me!
I'll write to the government.
He won't get away with this. He'll see.'
But little by little he got used to it,
and he calmed down.
In the end he forgot the entire incident.

הַיְצִיאָה מִן הָעִיר

בַּעַל־בַּיִת אֶחָד בָּא חֲדָרָיו,
סָגַר הַדֶּלֶת אַחֲרָיו.
לְאוֹר הַמְּנוֹרָה מָנָה כַסְפּוֹ,
מָנָה שׂוֹנְאָיו. מֵעַל לוּחַ לִבּוֹ
אַחַר־כַּךְ מָחָה אֶת הַשֵּׁמוֹת כֻּלָּם,
הִשְׁאִיר שֵׁם אֶחָד לְשָׁמְרוֹ לְעוֹלָם.
אַחַר־כַּךְ עָמַד וְכִבָּה הָאוֹר.
צָמַח נוֹצָה, כְּנָפַיִם וּמַקּוֹר,
עַל אֶדֶן הַחַלּוֹן נִתֵּר עָלָה,
חָלַף עַל הָעִיר כְּצִפּוֹר גְּדוֹלָה.

# The householder departs from the city

Going to his room one night,
he locked his door and by lamplight
counted his money, counted his foes.
Then from the table of his heart
he struck off every name but one,
which would be there till time was done.
Then rising, he turned off the light.
Sprouting feathers, wings, and bill,
he hopped on to the window sill,
and sailed, a bird, into the night.

# לאה גולדברג

## תֵּל אָבִיב 1935

הַתְּרָנִים עַל גַּגּוֹת הַבָּתִּים הָיוּ אָז
כְּתָרְנֵי סְפִינָתוֹ שֶׁל קוֹלוּמְבּוּס
וְכָל עוֹרֵב שֶׁעָמַד עַל חֻדָּם
בִּשֵּׂר יַבֶּשֶׁת אַחֶרֶת.

וְהָלְכוּ בָּרְחוֹב צִקְלוֹנֵי הַנּוֹסְעִים
וְשָׂפָה שֶׁל אֶרֶץ זָרָה
הָיְתָה נִנְעֶצֶת בְּיוֹם הַחַמְסִין
כְּלַהַב סַכִּין קָרָה.

אֵיךְ יָכוֹל הָאֲוִיר שֶׁל הָעִיר הַקְּטַנָּה
לָשֵׂאת כָּל כָּךְ הַרְבֵּה
זִכְרוֹנוֹת יַלְדוּת, אֲהָבוֹת שֶׁנָּשְׁרוּ,
חֲדָרִים שֶׁרוֹקְנוּ אֵי־בְּזֶה?

כִּתְמוּנוֹת מַשְׁחִירוֹת בְּתוֹךְ מַצְלֵמָה
הִתְהַפְּכוּ לֵילוֹת חֹרֶף זַכִּים,
לֵילוֹת קַיִץ גְּשׁוּמִים שֶׁמֵּעֵבֶר לַיָּם
וּבְקָרִים אֲפֵלִים שֶׁל בִּירוֹת.

וְקוֹל צַעַד תּוֹפֵף אַחֲרֵי גַּבְּךָ
שִׁירֵי לֶכֶת שֶׁל צְבָא נֵכָר,
וְנִדְמֶה—אַךְ תַּחְזִיר אֶת רֹאשְׁךָ וּבַיָּם
שָׁטָה כְּנֵסִיַּת עִירְךָ.

100

# Leah Goldberg

## Tel Aviv 1935

The roof-poles in those days
were like the masts of Columbus,
every crow on their pinnacles
announcing new shores.

Along the streets strolled knapsacks,
and the words of a foreign country
plunged into *khamsin* days
like the cold blade of a knife.

How could the small air support
so many recollections
of childhood and of withered loves
and rooms grown empty elsewhere?

Like blackening snaps in a camera,
their images reversed:
white winter nights across the sea,
rainy nights of summer,
capitals dark at dawn.

Behind you foreign footsteps drummed
the marching songs of an army,
and on the sea you thought you saw
the church of your old town floating.

בְּהָרֵי יְרוּשָׁלַיִם

א

אֲנִי מֻטֶּלֶת כְּאֶבֶן בֵּין הָרְכָסִים הַלָּלוּ,
בְּתוֹךְ עֵשֶׂב כָּתֹם וְשָׁדוּף וּשְׂרוּף־קַיִץ,
אֲדִישָׁה וְדוֹמֶמֶת.
שָׁמַיִם חִוְרִים נוֹגְעִים בַּסֶּלַע.
מֵאַיִן בָּא לְכָאן פַּרְפַּר צְהֹב־כְּנָפַיִם?
אֶבֶן בֵּין אֲבָנִים–אֵינֶנִּי יוֹדַעַת
מָה עַתִּיקִים חַיַּי
וּמִי יָבוֹא עוֹד
וְיַדְחֲנִי בָּרֶגֶל
וְאֶתְגַּלְגֵּל בַּמִּדְרוֹן.

אוּלַי זֶהוּ הַיֹּפִי הַקָּפוּא לָעַד.
אוּלַי זֶהוּ
הַנֶּצַח הַהוֹלֵךְ לְאַט.
אוּלַי זֶהוּ
חֲלוֹם הַמָּוֶת
וְהָאַהֲבָה הָאַחַת.

אֲנִי מֻטֶּלֶת כְּאֶבֶן בֵּין הָרְכָסִים הַלָּלוּ,
בְּתוֹךְ קוֹץ וְדַרְדַּר,
מוּל הַדֶּרֶךְ הַגּוֹלְשָׁה הָעִירָה.
תָּבוֹא רוּחַ הַמְבָרֶכֶת עַל הַכֹּל
לְלַטֵּף צַמְּרוֹת אֹרֶן
וַאֲבָנִים אִלְּמוֹת.

# In the Jerusalem Hills

I

I lie like a stone on the hill,
indifferent and silent
in the withered, sun-seared grass.
Pale skies touch rock.
Where does the yellow-winged butterfly come from?
A stone among stones, I do not know
the ancientness of my life
or who will yet come
and with a kick
send me rolling down the slope.

Perhaps it is beauty frozen forever,
perhaps eternity
moving slowly.
Perhaps it is
a dream of death,
or a dream
of the one love.

I lie like a stone on the hill
in thorn and thistle,
where a road below slides to the city.
Soon the wind that blesses all things
will come, to caress the pine crests
and the dumb stones.

ב

כָּל הַדְּבָרִים אֲשֶׁר הֵם
מִחוּץ לָאַהֲבָה
בָּאִים אֵלַי עַכְשָׁו—
הַגּוּף הַזֶּה וּתְבוּנַת־הַזִּקְנָה
אֲשֶׁר לוֹ, הַמְבַקֶּשֶׁת לִחְיוֹת
עוֹד שָׁנָה, עוֹד שָׁנָה,
עוֹד דּוֹר, דּוֹרוֹתַיִם, שְׁלֹשָׁה,
עוֹד נֶצַח אֶחָד.

לְהַצְמִיחַ קוֹצִים עַד בְּלִי דַי,
לְנַעֲנֵעַ אֲבָנִים מֵתוֹת
כְּתִינוֹקוֹת בַּעֲרִיסָה לִפְנֵי שְׁנָתָם.
לְשַׁתֵּק זִכְרוֹנוֹת נוֹשָׁנִים,
עוֹד אֶחָד, עוֹד שְׁנַיִם עוֹד שְׁלֹשָׁה...

הוֹי, מָה רַב חֵפֶץ־הַחַיִּים
שֶׁל הַנּוֹטִים לָמוּת.
מַה נּוֹרָאָה הַתְּשׁוּקָה
וּמָה רֵיקָה—
לִהְיוֹת, לִהְיוֹת
עוֹד שָׁנָה, עוֹד שָׁנָה,
עוֹד דּוֹר, דּוֹרוֹתַיִם, שְׁלֹשָׁה,
עוֹד נֶצַח אֶחָד.

2
All the things
outside love
come to me now:
this landscape with its old man's understanding
begging to live
one more year, one more year,
one generation more,
one more eternity.

To bring forth thorns endlessly,
to rock dead stones
like children in their cradles
before they sleep.
To silence ancient memories,
one more one more
one more.

How strong the lust for life
in those about to die.
How terrible the longing
and how vain:
to live, to live
one more year, one more year,
one generation more,
one more eternity.

ג

אֵיךְ תָּעֲתָה צִפּוֹר עֲלִיזָה
אֶל הֶהָרִים הַלָּלוּ?
שִׁיר דּוֹדִים בִּגְרוֹנָהּ,
לִבָּהּ הַקָּטָן מְפַרְכֵּס בְּחֶדְוַת אַהֲבָה,
עוֹד יִהְיוּ גּוֹזָלִים בְּקִנָּהּ,
מִזְמוֹר אַהֲבָה מְעוֹף־כְּנָפֶיהָ.

וּלְפֶתַע פִּתְאֹם
מִמְּרוֹמֵי הַתְּכֵלֶת
נִגְלְתָה לְפָנֶיהָ
שְׁמָמָה רְגוּמַת אֲבָנִים.

מַלְטוּהָ,
מַלְטוּהָ,
לְמַעַן אֲשֶׁר לֹא תִרְאֶינָה עֵינֶיהָ
אֶת גְּוִיעַת כָּל הָאַהֲבוֹת,
אֶת קִבְרֵי כָּל הַחֶדְוָה.

בַּגֹּבַהּ
הַכָּחֹל,
בְּזֶמֶר אֲהָבִים גַּלְמוּד
הִיא תְלוּיָה
וְאֵינֶנָּה מַשֶּׂגֶת
אֶת הַמָּוֶת הַזֶּה
שֶׁמִּנֶּגֶד.

3
How could a joyous bird
lose itself in these hills?
With a love song in her throat,
her little heart throbbing with gladness,
the promise of young ones soon in the nest,
her wings hymning love.
But suddenly before her
from the blue height
unrolls
a wasteland
stoned to death.

Save her,
save her,
save her
from seeing
the corpse of every love,
the grave of every joy.

In her blue
altitudes
singing love,
solitary
she hangs,
without reaching
the death
that confronts her.

ד

אֵיכָה תוּכַל צִפּוֹר יְחִידָה
לָשֵׂאת אֶת כָּל הַשָּׁמַיִם
עַל כְּנָפַיִם
רָפוֹת
מֵעַל לַשְּׁמָמָה?
הֵם גְּדוֹלִים וּכְחֻלִים,
מֻטָּלִים עַל כְּנָפֶיהָ
הֵם עוֹמְדִים בְּכֹחַ מִזְמוֹרָה.

כָּךְ נָשָׂא לִבִּי אֶת אַהֲבָתוֹ,
הָיְתָה גְדוֹלָה וּכְחֻלָּה
וּגְבֹהָה מֵעַל כָּל גָּבֹהַּ,
מֵעַל לַשְּׁמָמָה
וְעַיֵּי הַמַּפֶּלֶת
וּתְהוֹמוֹת הַיָּגוֹן.

עַד אֲשֶׁר נָדַם מִזְמוֹר לְבָבִי
וְאָפֵס כֹּחוֹ
וַיְהִי כְּאֶבֶן
וַיִּפֹּל.

אַהֲבָתִי הַפְּצוּעָה, הָאִלֶּמֶת—
אֵיכָה תוּכַל צִפּוֹר יְחִידָה
לָשֵׂאת אֶת כָּל הַשָּׁמַיִם!

4
How can one bird alone
hold up the whole sky
over the waste
with fragile wings?
The sky is boundless and blue,
but it is uplifted by wings,
sustained by the song of a bird.

Thus did my heart sustain my love.
It was boundless and blue,
above all altitudes—
above wasteland
mounds of ruins
gulfs of grief.

Until the song in my breast grew silent,
its strength failed,
and turning to stone,
it fell.

My mute, wounded love—
how can one bird alone
hold up the whole sky?

## מִבֵּית אִמִּי

מֵתָה אִמָּהּ שֶׁל אִמִּי
בַּאֲבִיב יָמֶיהָ. וּבִתָּהּ
לֹא זָכְרָה אֶת פָּנֶיהָ. דְּיוֹקְנָהּ הֶחָרוּט
עַל לִבּוֹ שֶׁל סָבִי
נִמְחָה מֵעוֹלַם הַדְּמָיוֹת
אַחֲרֵי מוֹתוֹ.

רַק הָרְאִי שֶׁלָּהּ נִשְׁתַּיֵּר בַּבַּיִת,
הֶעֱמִיק מֵרֹב שָׁנִים בְּמִשְׁבֶּצֶת הַכֶּסֶף.
וַאֲנִי, נֶכְדָּתָהּ הַחִוֶּרֶת, שֶׁאֵינֶנִּי דוֹמָה לָהּ,
מַבִּיטָה הַיּוֹם אֶל תּוֹכוֹ כְּאֶל תּוֹךְ
אֲגַם הַטּוֹמֵן אוֹצְרוֹתָיו
מִתַּחַת לַמַּיִם.

עָמֹק מְאֹד, מֵאֲחוֹרֵי פָּנַי,
אֲנִי רוֹאָה אִשָּׁה צְעִירָה
וְרַדַּת לְחָיַיִם מְחַיֶּכֶת.
וּפֵאָה נָכְרִית לְרֹאשָׁהּ.
הִיא עוֹנֶדֶת
עָגִיל מָאֳרָךְ אֶל תְּנוּךְ אָזְנָהּ, מַשְׁחִילַתְהוּ
בְּנֶקֶב זָעִיר בַּבָּשָׂר הֶעָנֹג
שֶׁל הָאֹזֶן.

עָמֹק מְאֹד, מֵאֲחוֹרֵי פָּנַי, קוֹרֶנֶת
זְהוּבִית בְּהִירָה שֶׁל עֵינֶיהָ.
וְהָרְאִי מַמְשִׁיךְ אֶת מָסֹרֶת
הַמִּשְׁפָּחָה:
שֶׁהִיא הָיְתָה יָפָה מְאֹד.

Leah Goldberg

# From my mother's home

My mother's mother died
in the spring of her days. And her daughter
did not remember her face. Her portrait engraved
in my grandfather's heart
was struck from the world of images
after his death.

Only her mirror remains, sunk deeper with age
into its silver frame.
And I, her pale granddaughter, who do not resemble her,
peer into it today as if it were a pool
hiding its treasures
under the water.

Deep deep beyond my face
I see a young woman
pink-cheeked and smiling,
a wig on her head.
She is putting
a long earring into the lobe of her ear. Threading it
through a tiny hole in the delicate flesh.

Deep deep beyond my face
shines her eyes' bright gold.
The mirror carries on
the family tradition:
that she was beautiful.

## פַּעַם צִוָּנוּ הָאֵל

לנשמת נדיה

פַּעַם צִוָּנוּ הָאֵל לַעֲמֹד אֵיתָנִים
מִתַּחַת לְעֵץ־הַחַיִּים הַנּוֹרָא.
וְעָמַדְנוּ מְכֵּי־צִפִּיָּה בְּרוּחַ שְׁחוֹרָה שֶׁל שָׁנִים –
אוּלַי יִפֹּל לְרַגְלֵינוּ הַפְּרִי?
וְדָבָר לֹא קָרָה.

וּבְהַגִּיעַ הַיּוֹם שֶׁל חֶשְׁבּוֹן הַסְּתָרִים
שֶׁבֵּינוּ וּבֵינֵינוּ
רָאִינוּ נוֹף כָּפוּף וְעָלִים חוּמִים נוֹשְׁרִים
וְהָרוּחַ עוֹדֶנָּה נוֹשֶׁבֶת לְעֵבֶר פָּנֵינוּ.

אָז אָמְרָה בַּת־הַקּוֹל: זֶהוּ יוֹם חֲרוּתֶךָ,
זֶה הַכֹּל. וְזֶה טוֹב.

וָאֵלֵךְ לְבַדִּי אֶל מוּל לַהַב הַקֹּר הַחוֹתֵךְ
רַק כַּמָּה צְעָדִים
עַד אוֹתוֹ הַפַּנָּס הַדּוֹעֵךְ
שֶׁבְּקֶרֶן הָרְחוֹב.

## שִׁירֵי הָאִשָּׁה הַזָּרָה

א

אֲנִי יְרֻקָּה וּרְוָוִיה כְּמוֹ שִׁיר שֶׁעָבַר בָּעֵשֶׂב
אֲנִי עֲמֻקָּה וְרַכָּה כְּמוֹ קַן צִפּוֹר.
אֲנִי מִתְּמוֹל שִׁלְשׁוֹם,
מִיַּעַר אֲשֶׁר לִמְדַנִי לִנְשֹׁם
מְלֵאוֹת אוֹהֲבִים חֲבוּקִים יְשֵׁנִים בָּעֵשֶׂב.

# A god once commanded us…

TO THE SOUL OF NADIA

A god once commanded us to stand strong
under the terrible tree of life.
And in the black wind of the years we stood,
stricken with expectation—
perhaps the fruit would fall at our feet.
But nothing happened.

And on the day of secret reckoning
between him and us
we saw a hunched landscape, brown leaves falling.
and felt on our faces
a cold wind blowing.

Then said a Voice: this is your day of freedom.
This is everything. And this is good.

Now towards the flame of cutting cold, alone,
I take
a few steps only
until I meet
that flickering lantern
at the corner of the street.


# Song of the strange woman

I

I am green and replete like a song that has blown through the grass,
I am deep and soft as a bird-nest,
I come from yesterday,
from the forest that taught me to breathe,
from the well where I drank of the light,
from the exhausted lovers embraced and sleeping in the grass.

אֲנִי מִשָּׁם—
מִכְּפָר הָרוּחוֹת הַקְּטַנִּים,
עַל גִּבְעָה אַחֲרוֹנָה שָׁם עָמְדָה טַחֲנַת הָרוּחַ
וְשָׁמַיִם תָּלוּ עַל כְּנָפָהּ עֲנָנִים מְהוּלִים בֶּעָשָׁן.
וְהָלַךְ הָרוּחַ וּבָא הָרוּחַ.
אֲנִי מִכְּפָר הַמַּקִּישׁ בְּכַפּוֹת שֶׁל עֵץ
אֲנִי מִשָּׁם.


ב

טַחֲנַת הָרוּחַ, טַחֲנַת הָרוּחַ,
עַל אֵיזֶה חוֹף קָרְאוּ הַשְּׁחָפִים
אֶת שֵׁם אַרְצִי הַמֵּתָה?
טַחֲנַת הָרוּחַ, טַחֲנַת הָרוּחַ.

בְּאֵיזֶה רְחוֹב הָלְכוּ הַהוֹלְכִים
חָשִׂים בְּגַבָּם אֶת מַלְכוּת הַשְּׁקִיעָה
וְאֵינָם מַחֲזִירִים אֶת רֹאשָׁם?
וְנָעוּ כְּנָפַיִם בָּרוּחַ.

הֵיכָן
הַגַּן הָאָדֹם מִן הַסְּתָו
שֶׁכִּסָּה אֶת צְלָלָיו
וְהִסְתִּיר דְּמָדּוּמִים בֵּין עָלָיו
וְנָתַן לַעֲבֹר לָרוּחַ?

וְהָרוּחַ קָרָא עִם הַשַּׁחַף
אֶת שֵׁם אַרְצִי הַמֵּתָה—
וְהִנֵּה אֲנִי בַּת חוֹרִין וּשְׁקֵטָה,
טַחֲנַת הָרוּחַ, טַחֲנַת הָרוּחַ!


ג

אֶרֶץ רוּחוֹת נְמוּכִים, הָיִיתִי שֶׁלָּךְ,
לִבִּי נוֹשֵׂא כָּל טִפָּה שֶׁל גִּשְׁמַיִךְ.
אֵלֵךְ בְּרַגְלַיִם כּוֹשְׁלוֹת—לֹא יִתְמֹךְ בִּי מַלְאָךְ—
לְהָבִיא פִּטְרִיּוֹת יַעֲרֵךְ אֶל מַלְכוּת הַשָּׁמַיִם.

I am from there,
from the village of the small winds,
from skies that weave low clouds with bluish smoke.
I hear your voices still,
blue as your smoke and dim.
I come from the village of clattering wooden spoons.
I am from there.


2
Windmill, windmill
over what shore did the gulls cry
the name of my dead land?
Windmill, windmill.

On what street did they walk
who did not turn their heads,
the kingdom of the sunset on their backs?
And the wings whirred in the wind.

Where?
Is the garden there, crimson
with fall, burying shadows,
hiding the twilights under the leaves,
making way, making way for the wind?

And the wind and the gull, did they cry
the name of my dead land?
Windmill, windmill!


3
Land of low clouds, I belonged to you.
I carry in my heart your every drop of rain.
On stumbling feet, without an angel to lean on, I travel towards you.
bringing mushrooms of your forest to the kingdom of heaven.

בְּמַלְכוּת הַשָּׁמַיִם שֶׁלִי עוֹד זוֹכְרִים אֶת חֲגֵּךְ.
מַפּוּחִית עֲלִיזָה מְנַגֶּנֶת אֶת שִׁיר הַמֵּתִים.
בֵּין כַּנְפֵי טַחֲנַת הָרוּחַ כּוֹכָב אֶחָד נִסְתַּבֵּךְ
וְסוֹבֵב וְסוֹבֵב—
וַאֲנִי כְּבָר זָקַנְתִּי וְשַׁבְתִּי וְאִישׁ לֹא יִרְקֹד אִתִּי.

וּבְכָל זֹאת אָבוֹא אֶל הֶחָג, כִּי הַשַּׁעַר פָּתוּחַ,
אֲחַלֵּץ נְעָלַי וְאֵשֵׁב לִי בַּצֵל.
וּפָנַי יִזְרְמוּ לְאַטָּם בְּמֵי נַחַל עָצֵל,

פָּנַי מַחוֹפֵי נְהָרֶךְ
מוּאָרִים בְּזִכְרֶךְ—
טַחֲנַת הָרוּחַ, טַחֲנַת הָרוּחַ.


## זֶה מִכְּבָר

זֶה מִכְּבָר אֵין אִישׁ מְחַכֶּה לִי שָׁם.
וְאִם אֵין יָם, הֲרֵי אֵין גַּם סְפִינָה.
הַדֶּרֶךְ קְצָרָה. הֶחָגּ צֻמְצַם.
וּבְכֵן מָה?
עוֹד שָׁבוּעַ? עוֹד חֹדֶשׁ? עוֹד שָׁנָה?

אַחֲרֵי מוֹתִי עוֹד יִהְיֶה מַשֶּׁהוּ בָּעוֹלָם.
מִישֶׁהוּ יֹאהַב מִישֶׁהוּ. מִישֶׁהוּ יִשְׂנָא.
הַדֶּרֶךְ קְצָרָה. הַחֶשְׁבּוֹן לֹא הֻשְׁלַם.
וּבְכֵן מָה?
עוֹד שָׁבוּעַ? עוֹד חֹדֶשׁ? עוֹד שָׁנָה?

הַטַּל נוֹפֵל. עֶרֶב צוֹנֵן עַל פָּנַי.
עַל פָּרָשַׁת הַדְּרָכִים הַקְּרוֹבָה אוֹתָה תַּחֲנָה.
מָחָר אֲנִי אֶתְעוֹרֵר וְאֶפְקַח אֶת עֵינַי—
אֱלֹהִים אַדִּירִים,
עוֹד שָׁבוּעַ, עוֹד חֹדֶשׁ, עוֹד שָׁנָה.

In the kingdom of heaven, they still remember your feast day,
A gay harmonica is playing the song of the dead.
And a star entangled in the windmill's arms
is turning, turning—
and I have grown old, grown grey, and who will dance with me?

Nevertheless, for the gate is open here,
I shall be at the festival:
I shall take off my shoes and sit down in the shade.
Slowly my face will float on a lazy stream,
my face lit up by the rivers
of your remembered shores.
Windmill, windmill!

# Not for a long time now...

Not for a long time now has anyone waited for me.
Who will wait for a ship if there is no sea?
The circle draws in. Short is the way.
What's there to say?
Another year? Another month? Another day?

I shall lie under the earth, but something will remain above.
Somebody will hate somebody. Somebody will love.
The account is unsettled. Short is the way.
What's there to say?
Another year? Another month? Another day?

The dew falls and the evening chills my face.
At the street corner the same bus stops at the same place.
Tomorrow I shall wake again,
and again I shall say,
'Dear God!
Another year, another month, another day.'

## וְהַשִּׁיר אֲשֶׁר לֹא כְּתַבְתִּיו

וְהַשִּׁיר אֲשֶׁר לֹא כְּתַבְתִּיו
כַּאֲשֶׁר כָּתַבְתִּי שִׁירִים
וַאֲנִי עוֹד זוֹכֶרֶת הַכֹּל
כָּל צְלִיל. כָּל נִיב.
וְלֹא יִכָּתֵב גַּם עַכְשָׁו.

לוּ כְּתַבְתִּיו אָז, הָיָה
אֱמֶת מְעֻרְטֶלֶת מִדַּי.
וְאִם אֶכְתְּבֶנּוּ הַיּוֹם
יִהְיֶה שֶׁקֶר גָּמוּר.

בּוֹאִי, רְדִי אֵלַי, בַּת הָאֵלִים,
הַרְכִּינִי עָלַי
אֶת רֹאשֵׁךְ הַמַּלְבִּין.

נְשַׂחֵק בַּמִּלִּים—

מַה צָּלוּל הָעוֹלָם בַּמִּשְׂחָק הֶחָדָשׁ—

לֹא אָז, לֹא עַכְשָׁו
לֹא אֱמֶת, לֹא כָּזָב

שְׁתֵּי כַּפּוֹת הַמֹּאזְנַיִם עוֹלוֹת וְיוֹרְדוֹת
בְּמִקְצָב.

## יְרוּשָׁלַיִם שֶׁל מַטָּה וּמַעְלָה

א

בְּצַעִי אֶת לַחְמֵךְ לִשְׁנַיִם,
יְרוּשָׁלַיִם שֶׁל מַטָּה וּמַעְלָה,
תַּכְשִׁיטֵי דַרְדַּר עַל הָרַיִךְ
וְשִׁמְשֵׁךְ בֵּין הַחוֹחִים.

# That poem I didn't write…

That poem I didn't write
when I wrote poems—
I still remember everything about it,
every sound, every word.
But I shall not write it even now.

If I had written it then,
it would have been too naked a truth.
And if I wrote it today
it would be a total lie.

Come, descend to me, daughter of the gods,
nod your greying head
to me.

We shall play with words.

How lucid the world appears in this new game—

    not then, not now
    not false, not true

The two scales of the balance ascend and descend
in rhythm.

# Heavenly Jerusalem, Jerusalem of the Earth

I
Divide your bread in two,
Heavenly Jerusalem, Jerusalem of the Earth,
jewels of thorn on your slopes
and your sun among the thistles.

מֵאָה מִיתוֹת וְלֹא רַחֲמַיִךְ!
בִּצְעִי אֶת לַחְמֵךְ לִשְׁנַיִם:
הָאֶחָד לְעוֹף הַשָּׁמַיִם
הַשֵּׁנִי
לְמִרְמַס רַגְלַיִם
עַל פָּרָשַׁת דְּרָכִים.

ב
בָּעִיר הַבֶּדְוִיָּה מְהַלְּכִים אֲנָשִׁים.
שָׁמֶיהָ עָבְרוּ כַּצֵּל
וְאִישׁ לֹא חָרַד.
בְּסִמְטַת הַמּוֹרָד
נִתְכַּרְבֵּל עֲבָרָהּ הָרָם.

שָׁרִים יְלָדִים עֲנִיִּים
בְּקוֹלוֹת אֲדִישִׁים:
"דָּוִד מֶלֶךְ יִשְׂרָאֵל
חַי וְקַיָּם".

ג
מֵעַל לְבֵיתִי
סְנוּנִית מְאַחֶרֶת.
כָּל צִפֳּרֵי הַמַּסָּע
כְּבָר חָזְרוּ צָפוֹנָה.

מֵעַל לְעֵינַי
לִפְנוֹת עֶרֶב
בְּעִיר עֲיֵפַת נְדוּדִים
בְּקִרְיַת־עוֹבְרֵי־אֹרַח
חָגוֹת בְּעִגּוּל יֵאוּשִׁים
כְּנָפַיִם
חֲרֵדוֹת וְצָרוֹת.

שָׁמֵי־זְכוּכִית־חֶבְרוֹן.
פָּנָס רִאשׁוֹן שֶׁנִּדְלַק.

A hundred deaths rather than your mercy!
Divide your bread in two,
one half for the birds of the sky:
the other,
for heavy feet to trample
at the crossroads.


2
People are walking in the counterfeit city
whose heavens passed like shadows,
and no one trembles.
Sloping lanes conceal
the greatness of her past.

The children of the poor
sing with indifferent voices:
'David, King of Israel, lives and is.'


3
Over my house
one late swallow.
All the other swallows
have already returned to the north.

Over my head
towards evening
in a city
weary of wanderings,
in a city of wanderers,
small, trembling wings
trace circles of despair.

A sky of Hebron glass.
The first lamp of night.

סְנוּנִית שֶׁאֵין לָהּ קֵן.
מָעוֹף שֶׁנִּפְסַק.

וּמָה עַכְשָׁו?


# אֵלַי

הַשָּׁנִים פִּרְכְּסוּ אֶת פָּנַי
בְּזִכְרוֹן אֲהָבוֹת
וְעָנְדוּ לְרֹאשִׁי חוּטֵי כֶּסֶף קַלִּים
עַד יָפִיתִי מְאֹד.

בְּעֵינַי נִשְׁקָפִים
הַנּוֹפִים.
וּדְרָכִים שֶׁעָבַרְתִּי
יִשְׁרוּ צְעָדַי—
עֲיֵפִים וְיָפִים.

אִם תִּרְאֵנִי עַכְשָׁו
לֹא תַכִּיר אֶת תְּמוֹלֵיךְ—
אֲנִי הוֹלֶכֶת אֵלַי
בְּפָנִים שֶׁבִּקַּשְׁתָּ לַשָּׁוְא
כְּשֶׁהָלַכְתִּי אֵלֶיךָ.

Swallow with no nest.
Arrested flight.

What now?

## Toward myself

The years have made up my face
with memories of love,
adorned my head
with silver threads
and made me beautiful.

Landscapes are reflected
in my eyes,
the paths I trod
have taught me to walk upright
with beautiful, though tired steps.

If you should see me now,
you would not recognise
the yesterdays you knew.
I go toward myself with a face
you looked for in vain
when I went toward you.

# גבריאל פרייל

## לַיְלָה. אֲנִי שׁוֹתֶה

### א

לַיְלָה. אֲנִי שׁוֹתֶה תֵּה שָׁחוֹר וְעָשָׁן מֵסִין.
הַסֵּפֶל עָטוּר צִיּוּרֵי פְּרָחִים וּדְמֻיּוֹת־מְנַגְּנִים.
מְנַת אֹרֶז מַלְבִּינָה בַּקְּעָרִית שֶׁקֵּטָה כְּפֶלֶג.
וּמִמִּקְטֶרֶת מְרֻמֶּז הַטַּבָּק כְּזָהָב שֶׁהוּעַם.

מַחְשְׁבוֹתַי נָחוֹת כְּצִפֳּרִים בַּעֲנַף אִילָן.
רַגְלַי נָחוֹת לְאַחַר בּוֹסְסוּ בִּשְׂדוֹת הַחַדָּלוֹן.

### ב

אֲנִי אָדָם קָרוֹב לִשְׁנוֹת עֲמִידָה.
יוֹשֵׁב לִי לְרוּחַ־עֶרֶב בְּבְּרוּקְלִין
כְּשֶׁבָּת לְפָנַי, בִּבְרוּקְלִינִים שׁוֹנִים,
אֲנָשִׁים אֲחֵרִים שֶׁחָשְׁבוּ חֶשְׁבּוֹנוֹת בְּאוֹתוֹ קֶמֶט חוֹרֵשׁ קַרְקַפְתָּם
וּפִיהֶם כְּפִי נַעֲוָה כּוֹאֵב בְּשֶׁל מַשֶּׁהוּ נִתְפַּס אוֹ מִדְּמֶה.
אֶלָּא שֶׁאֵלַי טֶרֶם הִגִּיעַ מֵהָרָיו בַּעַל הַחַדָּלוֹן.

124

# Gabriel Preil

## Night. And I am drinking...

### 1

Night. And I am drinking smoky black tea from China.
The cup is gay with flowers and figures of musicians.
Rice whitens in a saucer placid as a brook.
And from a pipe, tobacco
lures like dim gold.

My thoughts are folded now like birds on branches.
My feet rest, having trodden
the fields of obliteration.

### 2

I am a man approaching middle-age,
sitting by myself in the evening breeze of Brooklyn
as other men before me sat in their various Brooklyns,
making their calculations,

skulls furrowed, like mine, by wrinkles,
mouths, like mine, pain-twisted
for imagined or palpable reasons.

But he has still to come and fetch me,
descending from his mountain—
oblivion's dark master.

## דִּבְרֵי שִׁכָּחוֹן וְשַׁלְוָה

לג'ני נ.

אָכַלְתִּי לֶחֶם־עֶרֶב עִם הַנָּסִיךְ מִסְיָאם, חוּם הַפָּנִים וּלְבֶן הַחִיּוּךְ.
הוּא לָבַשׁ חֲגִיגִיּוּת וְעַנְוַת רוּחַ כְּעוֹר רִאשׁוֹן לְגוּפוֹ.
דִּבֵּר כִּלְאַחַר יָד עַל לוֹנְדוֹן וּנְיוּ־יוֹרְק – כְּפָרִים גְּדוֹלִים מְחֻסְּרֵי פִּלְאֵי אֱמֶת,
וְזִכְרוֹנוֹ עָמַד עַל אַנְשֵׁי מוֹלַדְתּוֹ קְטַנֵּי הַקּוֹמָה, אוֹכְלֵי הָאֹרֶז הֶחָוֵּר
וְעַל הַפְּרָחִים שָׁם עֲצוּמֵי הַגַּאֲוָה, בְּלַהַט מַזְעִיקִים צְבָאוֹת צְבָעֵיהֶם.
אַגַּב הַנְמָכַת קוֹל נָמוּךְ, הוֹסִיף בֶּן סְיָאם, שֶׁאֵין כַּשִּׁכָּחוֹן הַגָּמוּר הַמָּצוּי אֵצֶל בּוּדְהָא –
אַף אַדְוָה קַלִּילָה לְעוֹלָם לֹא תִּפְגַּע בְּיָמָיו
וְאֵין כְּרִגְעוֹן עֲוֹנוֹת־הָאַיִן־קֵץ הַהוֹזוֹת בְּפַרְדֵּסָיו.

פֶּתַע נָשְׁבָה רוּחַ מִקֶּרֶן־רְחוֹב, דִּבְּרָה תְּפִלָּה שֶׁמֵּעֵבֶר לַגְּשָׁרִים,
וְהַבָּשָׂר נֶעֱצַב מְאֹד וְדָמַם בַּעֲמָקָיו הַיְּעוּדִים,
עֵת דֶּרֶךְ הַזְּגוּגִית נִשְׁפְּכָה שְׁקִיעָה צְפוֹנִית, אֲפַרְסְקִית
וְרָאִיתִי אֶת גֶ'ינִי, מַפְרִיחָה לִי כְּפָרֵי דְּבָרֶיהָ הַשְּׁלֵוִים.

## הַצַּיָּד הֶעָיֵף

לְאַחַר כְּתִיבַת כָּל הַשִּׁירִים
הַגֵּאִים עִם הַצְּנוּעִים,
עֲתִירֵי הַחֻלְשָׁה וּנְבוֹנֵי־הָאֱלֹהִים –
עֶטְךָ נִשְׁאַר תָּלוּי
בָּאֲוִיר הָאָדִישׁ
אִם גַּם צִפֳּרִים הִפְרַחְתָּ
עוֹדָן לָנוּת עַל צוּקֵי הָר,

# Words of oblivion and peace
TO JENNY N.

I once broke evening bread with the brown-faced, white-smiled
                                    Prince of Siam.
He wore festivity and humility as the first skin of his body.
His talk touched on London and New York—large villages
                                    lacking true wonders,
And his memory dwelt on the people of his country, small
                                    of stature, eaters of pale rice,
And on the flowers there, high-tide huge, and summoning,
                                    ablaze, the armies of their colors.
Lowering his low voice, 'There is nothing,' he said, 'like
                         the absolute oblivion that Buddha gives.
No small eddy will ever ruffle its seas,
And there is nothing like the calm of the endless seasons
                                    that dream in its orchards.'

Suddenly, a wind blew from the corner of the street, a prayer
                         spoke from beyond the bridges,
but as the flesh grew sad and silent in its fated valleys,
through the window-pane there poured a peach and northern sunset,
and I saw Jenny, the villages of her peaceful words in flower.


# The tired hunter

Having written every kind of poem,
proud ones and shy ones,
weak ones and divinely wise ones,
your pen remains suspended
in the indifferent air,
even though the birds you once set flying
still sleep upon the cliffs,

וּמִצְבָּעֶיךָ
עוֹד לֹא נָטַל שְׁבִיב־מַלְכוּת.

עַד יִתְחַוֵּר לְךָ לְאוֹר־צָהֳרַיִם חַד,
שֶׁהַשִּׁירִים אֵינָם אֶלָּא
חִצִּים סוֹמִים שְׁלוּחִים
תּוֹךְ לֵב עִיר־נֶצַח מְדֻמָּה;
וְאַתָּה אֵינְךָ אֶלָּא צַיָּד שָׁעֲיַף.


## בַּהֹוֶה הַתְּמִידִי

דּוֹדָהּ שֶׁל אִמָּא הָיָה רוֹפֵא הַשֵּׁן הַפַּרְסִי.
קֹדֶם־לָכֵן, אוֹ אַחַר־כָּךְ, בָּנָה גְּשָׁרִים בְּחֶבֶל הַיָּם הַכַּסְפִּי.
צְלוּמוֹ הַמַּאֲפִיר מֵעִיד עַל צְעִירוּת בְּ־1888, בָּאֲבִיבָה
שֶׁל שְׁנַת חִטִּים טוֹבָה, בְּלִיטָא סָמוּךְ לִגְבוּלָהּ שֶׁל פְּרוּסְיָה הַמִּזְרָחִית.

אָמְנָם אֵינִי יוֹדֵעַ מָתַי בְּדִיּוּק נִשְׂאָה אֲחוֹתוֹ הַבְּכִירָה לָאִישׁ
אַךְ בַּת נוֹלְדָה לָהּ בָּאָבִיב הַנִּזְכָּר וְהִיא כָּעֵת וּמִזְמַן
אִמִּי, תִּינֹקֶת שֶׁהִזְקִינָה—

עִם הַקֵּיצִים וְהֶחֳרָפִים הַמַּגִּיעִים לְנִיוּ־יוֹרְק, תָּמִיד־תָּמִיד—
אֶלָּא שֶׁאֵין אָז—
אֵינֶנִּי טַבַּעַת שְׁכוּחָה בְּשַׁלְשֶׁלֶת אוֹ אֵיזֶה יוֹרֵשׁ אָהוּב.
אֲנִי הָאִישׁ הַמַּחֲלִיף דְּבָרִים עִם כֻּלָּם כָּרֶגַע
שׁוֹתֶה תֵּה, נוֹגֵס תַּפּוּחַ, מַאֲזִין לְקוֹל הַחַזָּן
מִבַּעַד לַתְּרִיס בְּמוֹצָאֵי שַׁבָּת.

כַּמּוּבָן שֶׁאֵין כָּאן תְּעוּד הִיסְטוֹרִי סְתָם.
הֹוֶה אֶחָד שֶׁל בְּהִירֻיּוֹת וַאֲפֵלוֹת קַיָּם.
אֵין אָז.

128

and your colours
have not yet lost a sparkle of the kingdom.

Until you discover in the sharp light of noon
that the poems are only
blind arrows sent flying
to the heart of an imagined
eternal city
and you are only a hunter
who has at last grown tired.

# The eternal present

My mother's uncle was physician to the Persian Shah.
Before this, or later, he built bridges near the Caspian Sea.
His greying photograph attests to his youth in 1888,
in Lithuania, close to the East Prussian border,
in the spring of a good wheat-year.

I don't know, however, the exact date of his sister's marriage,
but she gave birth to a daughter in the above-mentioned spring,
and she is, and has been for a long time now,
my mother—a baby-girl grown old.

And the summers and winters arrive in New York
year after year
and there is no then.
I am not a forgotten ring in a chain or a beloved heir.
I am a man engaged in talk this moment,
or biting into a pear, or drinking tea,
or listening behind the shutters
to the voice of the cantor on a Saturday night.

## מֶחְקָר שֶׁלֶג קָטָן

שֶׁלֶג—וְלֹא זֶה הַנָּדִיר בִּירוּשָׁלַיִם:
זֶה הַלָּבָן הַנִּיו־יוֹרְקִי הַנַּוָּד
שֶׁהִתְחִיל לְכַתְּרֵנִי בְּעוֹד
הֶעֱלָה בִּי נֵר אַחַר נֵר
כָּל יוֹם הָיָה נְבוּאָה וְתַגְמוּל
וַאֲפִלּוּ הַחֲזַאי הַצְטַיֵּן
בְּטוֹב־לֵב וְנִמְנַע מִלְגַלּוֹת
אִם מַשֶּׁהוּ מָרִיר פּוֹלֵשׁ
בְּאֵיזֶה מָקוֹם, אֵיזֶה אֲוִיר.

כָּעֵת אֲנִי אִי מֻשְׁלָג. בְּרַק לַהַב מְבֻדָּד.
כְּמוֹ נֶחְתְּמוּ אֶפְשָׁרֻיּוֹת הַפִּנּוּקִים.

## מִיּוֹמָן מְאֻחָר

גַּבְרִיאֵל הָפַךְ לְמַר פְּרֵיְיל.
בֶּן־לַיְלָה הִתְחִילוּ הַפִּנּוּקִים
שֶׁבְּהִפָּשְׁטַת הַמְּעִיל, פְּתִיחַת דֶּלֶת
עַד שֶׁחֲשָׁדִים וְהַשְּׁעָרוֹת
צָצוּ בּוֹ כְּפִטְרִיּוֹת.

וְנִסָּה לְהִתְעַלֵּם
מִן הַשּׁוּלִיּוּת שֶׁבַּדְּבָרִים
מִמְּקָרִיּוּתָן שֶׁל שָׁנִים
וְכֵן לֹא רָצָה לְוַתֵּר

Here, of course, there is no mere historic documentary,
One present of dark and light exists.
There is no then.


# A little research in snow

Snow, not the rare snow of Jerusalem,
but the casual New York kind
began to surround me
as candle after candle in me was lit,
each day a prophecy, each day a reward.
Even the weatherman
seemed notable for his kindness,
careful not to reveal
certain acidulous phenomena
somewhere invading a place, an ambiance.

I am a snowed-upon island now,
a single glint of a blade.
The possibilities for self-indulgence
have finally been sealed off.


# From a late diary

Gabriel turned at last into old Mr Preil.
Overnight the pamperings began
that go with taking off a coat
and opening a door.
Suspicions and hypotheses
sprouted in him like weeds.

And he tried to ignore
the marginal in things,
the fortuity of time—

עַל יֵינִיּוֹת צְעִירָה מְהַלֶּכֶת בּוֹ
עַל זְרִימַת רְחוֹבוֹתָיו הַצְּעִירִים.

יֶשְׁנָם אֲטוּמִים מִלִּרְאוֹת מִלִּשְׁמֹעַ
שֶׁאוֹתוֹ גַּבְרִיאֵל מְחַלֵּק זְמַן אִתָּם
וְשׁוּם שִׁנּוּי אֵינוֹ חוֹרֵשׁ עָלָיו.
נִדְמֶה גַּם שֶׁהַקָּפֶה חַמּוֹ חַם יוֹתֵר
בִּרְקֵי מְטוֹס־הַסִּילוֹן מַאֲרִיכִים בְּמִשְׂחָק
וְעֲצֵי צְפֵרִים בְּלִבְלוּב.


# שִׁעוּר בְּתִרְגּוּם

לבטסי רוזנברג


הַמְתַרְגֶּמֶת נִסְתָה לַחֲשֹׂף
דְּבָרִים שֶׁלֹּא נֶאֶמְרוּ
אֶת אָפְנוֹת הַמָּכָן וְהַהַסְוָאָה
אֶת כֹּרַח הַגִּשׁוּשׁ וְהַהַגָּעָה
(פַּעַם קָרְאָה מָה בְּפָנַי)

יוֹתֵר מִכָּל חָשְׁבָה לַחֲרֹשׁ
בַּתַּשְׁתִּית הַמְיֻחֶדֶת, לְזַהוֹת
זִיפֵי שָׁרָשִׁים, כְּוִיַּת הָעֵצוּב.
הָיוּ רְגָעִים שֶׁנִּמְשְׁכָה לְדָמוּי כְּמוֹ
עֲצֵי בֹּקֶר שָׁרִים צְפֵרִים
לְמִקְרֵי הַמִּתְחַזֵּר כְּמֵאֵלָיו
אִירוֹנְיָה דַקָּה, כְּסוּפִים.

הַמָּקוֹר, אֶפְשָׁר לְהַנִּיחַ, עוֹדֶנּוּ מָקוֹר
הִיא לֹא הָפְכָה אוֹתוֹ לַאֲחֻזָּתָה
אוֹ לִכְלִי שֵׁנִי, אַחֵר, שֶׁלִּי.
כָּל בַּיִת שֶׁבַּשִּׁיר, נִדְמֶה, מוּגָן—כָּרָגִיל
בֵּין סְתָו לִסְתָו מְפַכָּה אֲמִינוּתוֹ.

not wanting to give up
the wininess flowing in him,
and the streaming of his young streets.

As for the obtuse, they do not realise
that the self-same Gabriel
shares his time with them,
that no change threatens him.
It would also seem the coffee is hotter now,
and longer now the lightning-play of jets,
and longer lasting the bird-trees in full bloom.

# A lesson in translation

FOR BETSY ROSENBERG

The translator tried to lay bare
the things that were not said,
the methods of design and indirection,
the compulsion to explore and to arrive,
once even reading something in my face.

More than anything she thought
to plough the unique subsoil,
to identify the bristle of roots,
the glow in the shaping.
There were moments when she was drawn by an image
like that of trees in the morning uttering birds,
or by the accidental—orchestrating of itself
a delicate irony, a yearning.

The original, we may assume, is still the original.
She did not make of it her own possession
or something other and different, though mine.
She kept, it seems, every stanza of the poem intact,
its credibility as usual flowing from autumn to autumn.

עִם זֹאת אֲנִי שׁוֹאֵל אֵיךְ טֶקְסְט קָרִיר־זָהִיר
גַּם הוּא נַעֲשֶׂה עָצוּב, מֵבִיס אֶת הַשַּׁלְוָה.
לָמַדְתִּי שִׁעוּר בְּתִרְגוּם?

## הֶעָרָה קְטַנָּה מִירוּשָׁלַיִם

הָאָדוֹן עוֹשֶׂה דַּרְכּוֹ בֵּין עֲנָנִים וִירֵחִים, אוֹמֵר לְעַצְמוֹ
שֶׁאֲפִלּוּ מִגְדוֹלִים בְּשֶׁטַח הַכְּמִיהָה לֹא יִלְמַד דָּבָר.
סוֹף פָּסוּק.

אֲשֶׁר לַבְּרוֹשׁ, לַתָּמָר וְלַזַּיִת וְיִמְרוֹתֵיהֶם
הֵם רַק שׁוּלִיּוֹת מְסֻכָּנִים בַּמַּעְבָּדָה.

עִם זֹאת שָׁמַיִם שֶׁקּוֹרְאִים לָהֶם נְבוּאִיִּים
כְּמוֹ־פּוֹלְשִׁים בְּתוֹךְ דְּמוּיִים מְיֻבָּאִים.
כָּל מִלָּה רְחוֹבִית נִזְרֶקֶת כְּאֶבֶן מֶלֶךְ.
סְגֹל הֶהָרָרִי מְזַנֵּק בְּלִטּוּף מוּזָר אַבְנִי.
וְהָאָדוֹן נָבוֹךְ בְּמִקְצָת, מַתְחִיל לְקַפֵּל
אֶת מַפַּת הַשִּׁכְחָה הַמְיֻחָלֶת.

הָיְתָה הֲפוּגָה לַכְּמִיהָה.

## שִׁיר גֶּשֶׁם

גַּבְרִיאֵל אוֹהֵב הַגְּשָׁמִים
יוֹשֵׁב לוֹ בְּבֵית־קָפֶה
חוֹשֵׁב עַל שִׁיר שֶׁיִּכְתַּב
אִם לֹא הַיּוֹם אָז מָחָר —

אוּלָם שִׁיר אֵינוֹ אָנוּס,
אִם נְדַבֵּר בְּלָשׁוֹן דִּידַקְטִית־קְצָת,
לָבוֹא כְּמִחְרִים,

In spite of that, I question
how a cool and cautious text
can be turned into something sad, defeating peace.
Had I learned a lesson in translation?

# A brief note from Jerusalem

The gentleman makes his way among clouds and moons,
saying to himself that he cannot learn a thing
even from the masters of nostalgia.
End of sentence.

As for the cypress, palm, and olive and their pretensions,
they are nothing more than wretched lab assistants.

Nevertheless, skies we call prophetic
seem to assail imported metaphors.
Street words are hurled about like kingly stones.
And a mountain-purple leaps with a strange, rock-like caress.
Somewhat confused, the gentleman begins
to fold up the map of what he had hoped to forget.

And now there was some respite from nostalgia.

# Rain poem

Gabriel the rain-lover
sits in a cafe
thinking of the poem he's going to write,
if not today, tomorrow.

A poem, however, is not to be coerced
(if we may use slightly didactic language)
to come like tomorrows, like yesterdays,

כְּאֶתְמוֹלִים, לָדוּן וּלְהִתְמַקֵּחַ
עִם שָׁעוֹן מִשְׁתַּהֶה אוֹ מַדְחֹם מִשְׁתּוֹלֵל:

הוּא מֵעֵין שְׁלוּחָה שֶׁל הַגֶּשֶׁם,
קַו־צִפּוֹר־אוֹ מָטוֹס בַּסַּגְרִיר
וְהוּא מַקְרִין אֵיזֶה חֶשְׁבּוֹן
נִסְיוֹנִי, שֶׁסִּכּוּמוֹ שְׁאֵלָה פְּתוּחָה.

מִכָּל מָקוֹם בַּשִּׁיר הַטּוֹב
כְּסוּחוֹת אֲדִישִׁיּוֹת
וְהוּא הִסְטוֹרְיָה
שֶׁל גַּן מְכֵה בָרָד,
שֶׁל קַו הַמֶּתַח הַמְדֻיָּק.


# עִם וַלְטֶר וְאַמַאטִי

דֻּבְּס־פָּרִי. עִם עֵטִי תַּחַת שְׁמֵי סְתָו
וְתַחַת אוֹתָם שָׁמַיִם וַלְטֶר עִם הַכִּנּוֹרוֹת
הַתְּלוּיִּים כְּנִתְחֵי בָשָׂר עַל אַנְקוֹלִים
כְּבַרְוָזִים מַאְדִּימִים עַל שִׁפּוֹדָם
אוֹ כְּאֲגָסִים שֶׁהִבְשִׁילוּ בִּזְהָבָם הָעֵר.

וַלְטֶר מְלַטֵּף אֶת כִּנּוֹרוֹתָיו
כְּאִלּוּ הָיוּ הוּא וְהֵם
יְלָדִים גְּזוּלֵי לְטוּף.
מַעֲבִיר אֶצְבַּע עַל קַשְׁתִּית
מְנַסֶּה טִיב מֵיתָר
מַאֲזִין עָמֹק כְּמִצְפֶּה
לַבְּשׂוֹרָה שֶׁתָּבוֹא מִקָּרוֹב.

אַף אֲנִי נִסְחָף עִם גַּל
לִקְרֵימוֹנָה עִיר הַכִּנּוֹרוֹת
וְנֶעֱצָר אֵצֶל נִיקוֹלוֹ אַמַאטִי

arguing and bargaining
with a clock running down, a thermometer running wild.

It is a kind of extension of the rain
the-line-of-a-bird-or-plane
cutting through the black weather,
and it radiates some tentative reckoning
whose sum is an open question.

In any case, in a good poem
indifferences are flattened:
it is the history
of an exact line of tension,
of a garden
buffeted by hail.

## With Walter and Amati

Dobbs Ferry in autumn. I with my pen
and Walter with his violins
that dangle like slabs of meat from hooks,
like ducks turning brown on spits,
or pears that ripen in their living gold.

Walter caresses his violins
as if he and they
were children deprived of caresses.
He passes a finger over the bow,
tries the quality of a string,
and listens deeply
as if in expectation of a word
that will be coming soon.

I too drift with a wave
to Cremona, city of violins,

זֶה שֶׁנָּתַן לַכְּלִי שֶׁלוֹ
שְׁקִיפוּת צַהֲבָהֶבֶת דּוֹמָה
לְשָׁעַת בֵּין שְׁמָשׁוֹת נְדִירָה
אוֹ גּוֹן סָמִיךְ יוֹתֵר כָּזֶה
שֶׁל שְׁקִיעָה רְגִילָה עַל פְּנֵי יָם.

בְּאֵיזֶה בְּלֵיל מִסְתּוֹרִי
הוּא צִפָּה כָּל מִישׁוֹר וְגִבְנוּן
כָּל מִקְעָר וּמִקְמָר
שֶׁל אֹרֶן, אֶדֶר אוֹ עֲרָבָה
עַד שֶׁהָעֵץ הִתְחִיל לְהִתְנַגֵּן מִבִּפְנִים
עוֹד בְּטֶרֶם יָאִיר
הַמִּבְנֶה הַגָּמוּר הַמְלֻטָּשׁ.

אָמְנָם הַחֵל מַחְמָר לֹא פִּיּוּטִי בְּיוֹתֵר
כְּחָמְצוֹת זָרוֹת, אַשְׁלָג אוֹ זֶרַע פִּשְׁתִּים
כַּמָּה מִינֵי הַזַּרְחוֹת מִתְחַלְּפוֹת
מִכְּוּוֹנִים שׁוֹנִים עָבְרוּ עָלָיו:

יָצָא אֶל וּמִן הַזָּהָב הָרְצוּף,
מִן וְאֶל חוּם אַדְמוּמִי
וְעַד לְגוֹן דַּם הַדְּרָקוֹן הָאַגָּדִי
עַד שֶׁאֲנִי נִכְוֶה בָּאֵשׁ שֶׁבָּעֵץ
בְּקוֹל הַזָּמִיר שֶׁבַּמֵּיתָר.
כְּמוֹתָם אֲנִי זָקוּק
לַחַמְצָן שֶׁבָּאֲוִיר:

הֵם עִם אַמַאטִי בְּקְרֵימוֹנָה
אֲנִי בְּדוֹבְּס־פָרִי עִם וַלְטֶר
תַּחַת שְׁמֵי הַסְּתָו עִם עֵטִי.

and stop at Nicolo Amati's,
he who gave his instrument
the yellowish transparency
of a rare sunset hour,
or the darker tones
of an ordinary sunset at sea.

With some mysterious mixture
he glazed every flatness and rondure,
every concavity and convexity
of pine, maple, or willow
till the wood began of itself a music from within
even before the finished construct glowed.

For all that, he did begin with material hardly poetic,
with potash, strange acids, flaxseed,
while from various directions
all kinds of coruscations passed over it in turn—
glowing towards burning gold and from it,
from reddish brown and towards it,
until they reached the blood hue of the mystical dragon
so that I burn with the fire that lives in wood,
with the nightingale voice concealed in a violin string.
needing like them
the oxygen in air.

They are with Amati in Cremona,
I with Walter in Dobbs Ferry,
under the skies of autumn with my pen.

# זלדה

## הַקַּבְצָן הַקִּטֵּעַ [ב]

הַקַּבְצָן הַקִּטֵּעַ
(שֶׁשּׁוֹכֵב בַּצַּד הַמְטֹרָף שֶׁל הַדְּבָרִים)
לֹא יוֹסִיף לְהִשָּׁעֵן
עַל הַשֶּׁמֶשׁ,
קָנֶה רָצוּץ, הַזְּרִיחוֹת.
לֹא יוֹסִיף לְהִשָּׁעֵן עַל
יָפְיוֹ שֶׁל עָלֶה,
קָנֶה רָצוּץ, הָאָבִיב.
לֹא יוֹסִיף לְהִשָּׁעֵן עַל
הַמַּיִם,
קָנֶה רָצוּץ, הַנָּהָר.
לֹא יוֹסִיף לְהִשָּׁעֵן
עַל סְנוּנִית עָפָה,
קָנֶה רָצוּץ, הֶחָלָל.
לֹא יוֹסִיף לְהִשָּׁעֵן
עַל אָדָם,
קָנֶה רָצוּץ, הַדִּבּוּר.
בַּחֹשֶׁךְ, בָּרָקָב, וּבַמָּוֶת,
אֱלֹהִים מְנוּחָתוֹ.
הוּא לְבַדּוֹ
מַחֲזִיק אֶת יָדוֹ.
הַשֶּׁמֶשׁ לֹא תָפֵר
אֶת נֶדֶר הַהַרְמוֹנְיָה
לְנַשֵּׁק אֶת לִבּוֹ
הַמְיַלֵּל.
הַנָּהָר לֹא יֵצֵא

# Zelda

## The crippled beggar…

The crippled beggar who lives
on the mad side of things
won't lean on the sun
any more—
dawn is a broken reed.
Won't lean on a leaf
any more—
spring is a broken reed.
Won't lean on the water
any more—
the river is a broken reed.
Won't lean on a swallow
any more—
the sky is a broken reed.
Won't lean on mankind
any more—
speech is a broken reed.
In darkness, decay, and death
God is his rest.
Only He
holds his hand.
The sun will not break
a vow of harmony
only to embrace
his howling heart.
The river won't flow

מֵעִגּוּל הַמּוּסִיקָה,
לְהוֹשִׁיט יָד
לַמְנָדָּה.

out of its circle of song
to extend a hand
to the outcast.

# יהודה עמיחי

## אָבִי הָיָה אַרְבַּע שָׁנִים בְּמִלְחַמְתָּם

אָבִי הָיָה אַרְבַּע שָׁנִים בְּמִלְחַמְתָּם,
וְלֹא שָׂנֵא אוֹיְבָיו וְלֹא אָהַב.
אֲבָל אֲנִי יוֹדֵעַ, כִּי כְּבָר שָׁם
בָּנָה אוֹתִי יוֹם-יוֹם מִשַּׁלְווֹתָיו

הַמְּעַטּוֹת כָּל-כָּךְ, אֲשֶׁר לָקַט
אוֹתָן בֵּין פְּצָצוֹת וּבֵין עָשָׁן,
וְשָׂם אוֹתָן בְּתַרְמִילוֹ הַמְמֻרְטָט
עִם שְׁאֵרִית עוּגַת-אִמּוֹ הַמִּתְקַשָּׁה.

וּבְעֵינָיו אָסַף מֵתִים בְּלִי שֵׁם,
מֵתִים רַבִּים אָסַף לְמַעֲנִי,
שֶׁאַכִּירֵם בְּמַבָּטָיו וְאוֹהֲבֵם

וְלֹא אָמוּת כְּמוֹהֶם בַּזְּוָעָה...
הוּא מִלֵּא עֵינָיו בָּהֶם וְהוּא טָעָה:
אֶל כָּל מִלְחֲמוֹתַי יוֹצֵא אֲנִי.

## לְשַׁלֵּחַ זִכְרוֹנוֹת טוֹרְפִים

אֲנִי חוֹשֵׁב בְּיָמִים אֵלֶּה עַל הָרוּחַ שֶׁבִּשְׂעָרֵךְ
וְעַל הַשָּׁנִים שֶׁהִקְדַּמְתִּי לָבוֹא לָעוֹלָם לְפָנַיִךְ
וְעַל הַנֶּצַח שֶׁאַקְדִּים לָצֵאת אֵלָיו,

## Yehuda Amichai

## My father fought their war four years or so…

My father fought their war four years or so,
and did not hate or love his enemies.
Already he was forming me, I know,
daily, out of his tranquilities;

tranquilities, so few, which he had gleaned
between the bombs and smoke, for his son's sake,
and put into his ragged knapsack with
the leftovers of my mother's hardening cake.

He gathered with his eyes the nameless dead,
the many dead for my sake unforsaken,
so that I should not die like them in dread,
but love them, seeing them as once he saw.
He filled his eyes with them; he was mistaken.
Like them, I must go out to meet my war.

## Savage memories

I think these days of the wind in your hair
and of my years in the world which preceded your coming
and of the eternity to which I proceed before you;

עַל הַכַּדּוּרִים בַּמִּלְחָמָה שֶׁלֹּא הָרְגוּ אוֹתִי,
אֶלָּא אֶת יְדִידִי,
שֶׁהָיוּ טוֹבִים מִמֶּנִּי מִשּׁוּם שֶׁלֹּא
הִמְשִׁיכוּ לִחְיוֹת כָּמוֹנִי,
עַל עָמְדְךָ בַּקַּיִץ עֲרֻמָּה לִפְנֵי הַכִּירָה
וְעַל שֶׁגָּרְכַנְתְּ עַל הַסֵּפֶר לְהֵיטִיב לִרְאוֹת
בָּאוֹר הָאַחֲרוֹן שֶׁל יוֹם.

רְאִי, הָיוּ לָנוּ יוֹתֵר מֵחַיִּים,
צְרִיכִים עַכְשָׁו לִשְׁקֹל הַכֹּל
בַּחֲלוֹמוֹת כְּבֵדִים וּלְשַׁלֵּחַ
זִכְרוֹנוֹת טוֹרְפִים בְּמַה שֶׁהָיָה הֹוֶה.


## כָּל הַדּוֹרוֹת שֶׁלְּפָנַי

כָּל הַדּוֹרוֹת שֶׁלְּפָנַי תָּרְמוּ אוֹתִי
קִמְעָה קִמְעָה כְּדֵי שֶׁאוּקַם כָּאן בִּירוּשָׁלַיִם
בְּבַת אַחַת, כְּמוֹ בֵּית־תְּפִלָּה אוֹ מוֹסַד צְדָקָה.
זֶה מְחַיֵּב. שְׁמִי הוּא שֵׁם תּוֹרְמַי.
זֶה מְחַיֵּב.

אֲנִי מִתְקָרֵב לְגִיל מוֹת אָבִי.
צַוָּאָתִי מְטֻלֶּאת בְּהַרְבֵּה טְלָאִים,
אֲנִי צָרִיךְ לְשַׁנּוֹת אֶת חַיַּי וְאֶת מוֹתִי
יוֹם יוֹם כְּדֵי לְקַיֵּם אֶת כָּל הַנְּבוּאוֹת
שֶׁנִּבְּאוּ אוֹתִי. שֶׁלֹּא יִהְיוּ שֶׁקֶר.
זֶה מְחַיֵּב.

עָבַרְתִּי אֶת שְׁנַת הָאַרְבָּעִים. יֵשׁ
מִשְׂרוֹת שֶׁבָּהֶן לֹא יְקַבְּלוּ אוֹתִי
בִּשֶׁל כָּךְ. אִלּוּ הָיִיתִי בְּאוֹשְׁוִיץ,
לֹא הָיוּ שׁוֹלְחִים אוֹתִי לַעֲבֹד,

and I think of the bullet that did not kill me,
but killed my friends—
they who were better than me because
they did not go on living;

and I think of you standing in summer
naked before the stove,
or bending, the better to read it, over a book
in the last light of day.

Yes, we had more than life.
We must now balance everything
with heavy dreams, and set
savage memories
upon what was once today.


# All the generations before me

All the generations that preceded me contributed me
in small amounts, so that I would be erected here in Jerusalem
all at once, like a house of prayer or a charity institution.
That commits one. My name is the name of my contributors.
That commits one.

I am getting to be the age my father was when he died.
My last will shows many superscriptions.
I must change my life and my death
daily, to fulfil all the predictions
concerning me. So they won't be lies.
That commits one.

I have passed my fortieth year.
There are posts they will not let me fill
because of that. Were I in Auschwitz,
they wouldn't put me to work.

הָיוּ שׂוֹרְפִים אוֹתִי מִיָּד.
זֶה מְחַיֵּב.


## מַה שֶּׁדָּחַק אֶת יוֹסֵף

מַה שֶּׁדָּחַק אֶת יוֹסֵף לְסֵפֶר חֲלוֹמוֹת,
בּוֹלֵם אֶת פִּי.
מַה שֶּׁמֻּרְדִּים אֶת הַיֶּלֶד בָּעֶרֶשׂ,
שׁוֹמְרֵנִי עֵר כְּמְדוּרָה.
מַה שֶּׁמַּזְעִיק וּמַסְעִיר וּפוֹתֵחַ אַלּוֹן בְּסַתְּוֹ,
מַפְנִים אוֹתִי כְּאֶגְרוֹף.
הַשַּׁעַר הַגָּדוֹל שֶׁנִּפְתַּח לָךְ לִרְוָחָה,
מַעֲשֶׂה שַׂטְתּוּם, חוֹסֵם דַּרְכִּי.


## הַמַּחֲשָׁבוֹת בָּאוּ אֵלָיו

הַמַּחֲשָׁבוֹת בָּאוּ אֵלָיו כְּשַׁיֶּרֶת
מְכוֹנִיּוֹת הָאַסְפָּקָה בְּטֶרֶם־קְרָב.
הֵן בָּאוּ לוֹ אַחַת, אַחַת, אַחַת,
וְהוּא פָּרַק אוֹתָן וְהוּא חָשַׁב

אוֹתָן בְּמִשְׁפָּטִים מְסֻדָּרִים.
הַיְרִיּוֹת הָיוּ פְּסִיקִים וּנְקֻדּוֹת,
הָאֲדָמָה הִתְפּוֹצְצָה בְּעֵת הַקְרִים
אוֹתִי, שָׁקֵט, עַל פְּנֵי אֲהַבָתוֹ.

וּבָאָבִיב, בִּקְצוֹת אֶצְבְּעוֹתָיו,
הִרְגִּישׁ כַּעֲנָפִים דְּגְדוּג פְּרִיחָה
וְהִתְכּוֹנֵן לַפְּרִי... אֲבָל בַּסַּתְּוֹ

They'd burn me right away.
That commits one.


# What drove young Joseph…

What drove young Joseph to interpret dreams
must seal my lips.

What lulls the cradled child to sleep
keeps me awake, a fire.

What wounds and storms and opens an oak to fall
closes me like a fist.

The gate that opens to your realms of day
seals, like a valve, my way.


# The thoughts came to him…

The thoughts came to him like long lines of freight,
a convoy of supplies before the battle.
They came to him in order, one by one,
and while he was unloading them, he thought

them out in sentences, in neat array.
The shots were commas, full stops, dots above
the i's. The earth exploded just when he
had brought me to the surface of his love.

And in the spring, he felt his fingers tingle,
like branches of a tree, with blossoming,
and he prepared for fruit. But in the fall,

נִפְצַע בִּשְׁתֵּי רַגְלָיו וְהִתְפַּתֵּל
בָּאֲדָמָה. וּכְבִלְעָם חָזָה, נוֹפֵל,
אֶת כָּל יָמַי, וְשָׁר אֶת הַבְּרָכָה.


# חֲבָל. הָיִינוּ אַמְצָאָה טוֹבָה

הֵם קָטְעוּ
אֶת יְרֵכַיִךְ מִמָּתְנַי.
לְגַבֵּי הֵם תָּמִיד
רוֹפְאִים. כֻּלָּם.

הֵם פֵּרְקוּ אוֹתָנוּ
זֶה מִזּוֹ. לְגַבֵּי הֵם מְהַנְדְּסִים.
חֲבָל. הָיִינוּ אַמְצָאָה טוֹבָה
וְאוֹהֶבֶת: אֲוִירוֹן עָשׂוּי מֵאִישׁ וְאִשָּׁה,
כְּנָפַיִם וְהַכֹּל:
מְעַט הִתְרוֹמַמְנוּ מִן הָאָרֶץ,
מְעַט עַפְנוּ.


# מַחֲצִית הָאֲנָשִׁים בָּעוֹלָם

מַחֲצִית הָאֲנָשִׁים בָּעוֹלָם
אוֹהֲבִים אֶת הַמַּחֲצִית הַשְּׁנִיָּה,
מַחֲצִית הָאֲנָשִׁים
שׂוֹנְאִים אֶת הַשְּׁנִיָּה,
הַאִם בִּגְלַל אֵלֶּה וְאֵלֶּה עָלַי
לָלֶכֶת וְלִנְדֹד וּלְהִשְׁתַּנּוֹת בְּלִי הֶרֶף,
כַּגֶּשֶׁם בַּמַּחֲזוֹר, וְלִישֹׁן בֵּין סְלָעִים,
וְלִהְיוֹת מְחֻסְפָּס כְּגִזְעֵי זֵיתִים,
וְלִשְׁמֹעַ אֶת הַיָּרֵחַ נוֹבֵחַ עָלַי,
וּלְהַסְווֹת אֶת אַהֲבָתִי בִּדְאָגוֹת,

twice wounded in his legs, twisting, he fell
to earth; like Balaam, falling, could foretell
the story of my days, and sang the blessing.


# A pity. We were such a good invention

They amputated
your hips from my loins.
For my part, they will always be
surgeons. All of them.

They dismantled us
each from each.
For my part, they are engineers.
All of them.

We were a good, a loving
invention: a plane made from a man and woman,
wings and all.
We rose a little from the earth.
We flew a little.


# Half of the people in the world...

Half of the people in the world
love the other half;
half of the people
hate the other half.
Must I, because of these and those,
forever change
like rain in all its seasons? Sleep among the rocks,
grow rough as olive bark
and listen to the moon howl over me?
Must I with worry camouflage my love,

וְלִצְמֹחַ כָּעֵשֶׂב הָרָהוּי בֵּין פַּסֵּי הָרַכֶּבֶת,
וְלָגוּר בָּאֲדָמָה כַּחֲפַרְפֶּרֶת.
וְלִהְיוֹת עִם שָׁרָשִׁים וְלֹא עִם עֲנָפִים,
וְלֹא לְחִיִּי עַל לְחִי מַלְאָכִים,
וְלֶאֱהֹב בַּמְּעָרָה הָרִאשׁוֹנָה
וְלָשֵׂאת אֶת אִשְׁתִּי תַּחַת חֻפַּת
הַקּוֹרוֹת הַנּוֹשְׂאוֹת אֲדָמָה,
וּלְשַׂחֵק אֶת מוֹתִי, תָּמִיד
עַד הַנְּשִׁימָה הָאַחֲרוֹנָה וְהַמִּלִּים
הָאַחֲרוֹנוֹת וּבְלִי לְהָבִין,
וְלַעֲשׂוֹת בְּבֵיתִי עַמּוּדֵי דְגָלִים לְמַעְלָה
וּמִקְלָט לְמַטָּה. וְלָצֵאת בַּדְּרָכִים
הָעֲשׂוּיוֹת רַק לְשִׁיבָה וְלַעֲבֹר
אֶת כָּל הַתַּחֲנוֹת הַנּוֹרָאוֹת—
חָתוּל, מַקֵּל, אֵשׁ, מַיִם, שׁוֹחֵט,
בֵּין הַגְּדִי וּבֵין מַלְאַךְ הַמָּוֶת?

מַחֲצִית הָאֲנָשִׁים אוֹהֲבִים,
מַחֲצִיתָם שׂוֹנְאִים.
וְהֵיכָן מְקוֹמִי בֵּין הַמַּחֲצִיּוֹת הַמַּתְאָמוֹת כָּל-כָּךְ,
וְדֶרֶךְ אֵיזֶה סֶדֶק אֶרְאֶה אֶת
הַשִּׁכּוּנִים הַלְּבָנִים שֶׁל חֲלוֹמוֹתַי,
וְאֶת הָרָצִים הַיְחֵפִים עַל הַחוֹלוֹת
אוֹ לְפָחוֹת אֶת נִפְנוּף
מִטְפַּחַת הַנַּעֲרָה, לְיַד הַתֵּל?


## שִׂפְתֵי מֵתִים אָמְרוּ מִלָּה בְּלַחַשׁ

שִׂפְתֵי מֵתִים אָמְרוּ מִלָּה בְּלַחַשׁ
בָּאֲדָמָה, שִׂיחָה לְפִי תֻּמָּם,
וּכְבָר הָאִילָנוֹת, בְּלִי כָל יַחַס,
הִגְזִימוּ נוֹרָאָה בִּפְרִיחָתָם.

הַתַּחְבּוֹשׁוֹת שׁוּב נִקְרָעוֹת בְּכֹחַ,

grow like grass, fearful between the tracks,
live like a mole in earth,
with roots and not with branches,
and not with angels cheek to cheek?
Must I snatch love in the first cave;
marry my girl
under the canopy whose posts hold up the earth,
act out my death, always
to the last breath and the last
word and without understanding?
And build my house—flagpoles above,
bomb shelter below—and then go forth on roads
made only for returning? Must I undergo
the terrible stations:
cat, stick, fire, water and slaughter,
between the kid and the angel of death?

Half of the people love;
half, hate.
And where shall I find my place between these
halves who suit each other so?
Through what crack shall I see
the white dwellings of my dreams,
the barefoot runners on the sands;
or see, at least, the waving handkerchief
of a girl beside the hill?


# Lips of the dead once thoughtlessly...

Lips of the dead once thoughtlessly
whispered a single word in earth;
exaggerating now, each tree
has overdone its springtime birth.

Earth rips her bandages again.

הָאֲדָמָה אֵינָהּ רוֹצָה מַרְפֵּא, רוֹצָה כְּאֵב.
וְהָאָבִיב אֵינֶנּוּ שֶׁקֶט, לֹא מָנוֹחַ,
וְהָאָבִיב הוּא אֶרֶץ הָאוֹיֵב.

נִשְׁלַחְנוּ עִם זוּגוֹת הָאוֹהֲבִים,
פַּטְרוֹל אֶל אֶרֶץ־עֵבֶר־קֶשֶׁת,
לִרְאוֹת הַאִם אֶפְשָׁר לָגֶשֶׁת.

וּכְבָר יָדַעְנוּ, הַמֵּתִים שָׁבִים,
וּכְבָר יָדַעְנוּ, גַּם הַסְּעָרָה
יוֹצֵאת עַכְשָׁו מֵחֹפֶן נַעֲרָה.


# שָׁנִינוּ בְּיַחַד וְכָל אֶחָד לְחוּד

*"שניהם ביחד וכל אחד לחוד"... [מתוך חוזה שכירות]*


יַלְדָּה שֶׁלִּי, עוֹד קַיִץ עָבַר
וְאָבִי לֹא בָּא לַלּוּנָה־פַּרְק.
הַנַּדְנֵדוֹת מוֹסִיפוֹת לָנוּד.
שָׁנִינוּ בְּיַחַד וְכָל אֶחָד לְחוּד.

אֹפֶק הַיָּם מְאַבֵּד סְפִינוֹתָיו—
קָשֶׁה לִשְׁמֹר עַל מַשֶּׁהוּ עַכְשָׁו.
מֵאֲחוֹרֵי הָהָר חִכּוּ הַלּוֹחֲמִים.
כַּמָּה זְקוּקִים אָנוּ לְרַחֲמִים.
שָׁנִינוּ בְּיַחַד וְכָל אֶחָד לְחוּד.

יָרֵחַ מְנַסֵּר אֶת הֶעָבִים לִשְׁנַיִם—
בּוֹאִי וְנֵצֵא לְאַהֲבַת בֵּינַיִם.
רַק שָׁנֵינוּ נֹאהַב לִפְנֵי הַמַּחֲנוֹת.
אוּלַי אֶפְשָׁר עוֹד הַכֹּל לְשַׁנּוֹת.
שָׁנִינוּ בְּיַחַד וְכָל אֶחָד לְחוּד.

אַהֲבָתִי הָפְכָה אוֹתִי כַּנִּרְאֶה
כְּיָם מָלוּחַ לְטִפּוֹת מְתוּקוֹת שֶׁל יוֹרֶה;
אֲנִי מוּבָא אֵלַיִךְ לְאַט וְנוֹפֵל.

She wants no healing. She wants pain.
Spring is not peace; it is not rest;
spring is enemy terrain.

If anyone could reach that goal,
young lovers could in one patrol;
forth we were sent to Rainbow Land;

although we knew: the dead return;
although we knew: the storm is born
out of a young girl's open hand.


# The two of us together, each of us alone
*'Jointly and severally'*—[*from a lease contract*]

Summer, my dearest, turns again to the dark,
and the lights are all out in the old Fun Park.
The see-saws still go up and down.
The two of us together, each of us alone.

Empty the sea where her ships used to go.
Hard to hold on to anything now.
The soldiers once waited behind the hill.
How much we need of mercy still.
The two of us together, each of us alone.

The moon is sawing the clouds in two.
Let us make love with the armies in view.
Between the armed camps, our parleying
may still perhaps change everything.
The two of us together, each of us alone.

As the first sweet rain was once salt sea,
so, it seems, has my love changed me.
I fall to you slowly. Receive me, love.

קַבְּלִינִי. אֵין לָנוּ מַלְאָךְ גּוֹאֵל.
כִּי שְׁנֵינוּ בְּיַחַד. כָּל אֶחָד לְחוּד.

## מוֹת אָבִי

אָבִי, פִּתְאֹם, מִכָּל הַחֲדָרִים
יָצָא לְמֶרְחַקָּיו הַמּוּזָרִים.

הָלוֹךְ הָלַךְ לִקְרֹא לֵאלֹהָיו,
שֶׁהוּא יָבוֹא לַעֲזֹר לָנוּ עַכְשָׁו.

וֵאלֹהִים כְּבָר בָּא, כְּמוֹ טוֹרֵחַ,
תָּלָה אֶת מְעִילוֹ עַל וַו־יָרֵחַ.

אַךְ אֶת אָבִינוּ, שֶׁיָּצָא לְהוֹבִילוֹ,
יַחֲזִיק הָאֱלֹהִים לָעַד אֶצְלוֹ.

## צֶמֶד

א
אִם שׁוּב יֵרֵד מַבּוּל מִן הַשָּׁמַיִם,
יִקָּחוּנוּ לַתֵּבָה עִם כָּל זוּגוֹת הַשְּׁנַיִם—

עִם פִּיל וְעִם פִּילָה, עַכְבָּר וְעַכְבָּרָה,
עִם כָּל הַטְּמֵאָה וְהַטְּהוֹרָה.

יִשְׁמֹר אוֹתָנוּ נֹחַ, יַעֲטֹף
כִּשְׁתִיל הַגֶּפֶן לָעוֹלָם הַטּוֹב.

ב
כְּקִמְרוֹן שֶׁבַּחַלּוֹן יָשָׁן
מֵעֵדֶן נַעֲלָה: מִכָּאן וְכָאן.

No angel saves us from above.
For the two of us are together. Each of us is alone.


# The death of my father

From all the rooms, my father suddenly
departed for strange distances, for he

had gone to call on God somehow
so He would come to our assistance now.

And God took up the burden and came soon,
hanging His jacket on the hook of moon,

though He will never let our father go
who went to fetch His help for us below.


# Couplets

1
If once again a flood fell from the spheres,
we would be on the Ark with all the pairs.

Both with the adder and the elephant,
with the defiled and with the innocent.

Noah would keep us wrapped, like vine shoots curled,
for a new planting in a better world.

2
Like the stone arch of ancient windows, we
from the ledge will rise in singularity;

בַּעֲלוֹתֵנוּ יַחַד, זֶה מוּל זֶה,
אֶחָד אֶל הַשֵּׁנִי נָטָה.

עַד שֶׁבְּאֶבֶן הַיָּתֵד יַחְדָּו
נִמְצָא מָנוֹחַ—מֵצַח מְשֻׁתָּף.

תָּמִיד נִרְאָה: עַל אֵדֶן—פְּרָחִים.
וְעוֹד הַרְחֵק יוֹתֵר—אֶת הַדְּרָכִים.

ג
לְמַעְלָה עַל הָעֵץ אִצְטְרֻבָּלִים.
בַּלֵּב, לְמַטָּה, חֲלוֹמוֹת וְצִלְצוּלִים.

וְנַעֲלֵינוּ, פְּעוּרוֹת וּמִן הַצַּד,
רוֹאוֹת אַף הֵן שָׁמַיִם. כְּבִישׁ כִּמְעַט

הִגִּיעַ הֵנָּה—אַךְ בְּהִתְחַשֵּׁב
עִם קְצָת הַנֶּצַח שֶׁאוֹהֶבֶת וְאוֹהֵב

מָצְאוּ כָּאן, לֹא הַרְחֵק מִיּוֹמְיוֹמָם
עָבַר הוּא מִסָּבִיב וְהִשְׁאִירָם.

## לֹא כַּבְּרוֹשׁ

לֹא כַּבְּרוֹשׁ,
לֹא בְּבַת אַחַת, לֹא כֻּלִּי,
אֶלָּא כַּדֶּשֶׁא, בְּאַלְפֵי יְצִיאוֹת זְהִירוֹת־יְרֻקּוֹת,
לִהְיוֹת מֻסְתָּר כְּהַרְבֵּה יְלָדִים בַּמִּשְׂחָק
וְאֶחָד מְחַפֵּשׂ.

וְלֹא כַּגֶּבֶר הַיָּחִיד,
כְּבֶן־קִישׁ, שֶׁמְּצָאוּהוּ רַבִּים
וְעָשׂוּ אוֹתוֹ לְמֶלֶךְ.
אֶלָּא כַּגֶּשֶׁם בְּהַרְבֵּה מְקוֹמוֹת
מֵעֲנָנִים רַבִּים, לְהִתְחַלְחֵל, לִהְיוֹת שָׁתוּי

rising together and facing each,
one leans on other, thus to mend the breach.

Till brought together at the keystone crown,
we shall find rest—our forehead one.

Always we shall see flowers on the sill,
and always the roads, if we look farther still.

3
Above, pine cones and birds upon the bough.
Bird song and dream within the heart, below.

Our stranded shoes, whose open mouths gape air,
behold the heavens, too. The thoroughfare

almost arrived here, but considering
the short eternity these lovers, murmuring,

found here, not distant from their daily lives,
went roundabout and left them to themselves.


# Not like the cypress

Not like the cypress,
not all at once, not all of me,
but like the grass,
with thousands of green, of careful arrivals;
like children in that game where many hide
and one goes looking.

Not like an only son,
like Saul, the son of Kish, whom the many found
and made into a king.
But like the rain in many places,

פִּיּוֹת רַבִּים, לִהְיוֹת נָשׁוּם
כָּאֲוִיר בַּשָּׁנָה וּמְפֻזָּר כִּפְרִיחָה בָּאָבִיב.

לֹא הַצִּלְצוּל הַחַד, הַמְּעוֹרֵר
בְּשַׁעַר הָרוֹפֵא הַתּוֹרָן,
אֶלָּא בִּדְפִיקוֹת, בְּהַרְבֵּה אֶשְׁנַבִּים
בִּכְנִיסוֹת צְדָדִיּוֹת, בְּהַרְבֵּה דְּפִיקוֹת לֵב.

וְאַחַר־כָּךְ הַיְצִיאָה הַשְּׁקֵטָה, כֶּעָשָׁן
בְּלִי תְּרוּעָה, שַׂר מִתְפַּטֵּר,
יְלָדִים עֲיֵפִים מִמִּשְׂחָק,
אֶבֶן בַּגִּלְגּוּלִים הָאַחֲרוֹנִים
לְאַחַר הַמּוֹרָד הַתָּלוּל, בַּמָּקוֹם שֶׁמַּתְחִיל
מִישׁוֹר הַוִּתּוּר הַגָּדוֹל, אֲשֶׁר מִמֶּנּוּ,
כַּתְּפִלּוֹת הַמִּתְקַבְּלוֹת,
עוֹלֶה אָבָק בְּהַרְבֵּה רִבּוֹא גַּרְגִּירִים.

## אַל תִּתְכּוֹנֵן לְמָחָר

אַל תִּתְכּוֹנֵן לְמָחָר. כַּוֵּן פָּנֶיךָ לַסִּמְטָה הַצָּרָה,
הִתְכַּוֵּן לַחֲלוֹם, מַדְרֵגוֹת יוֹבִילוּךָ, כַּסֵּה תָּכְנִיּוֹת
בְּחוֹל, כְּדַם שָׁפוּךְ. וְשַׁבֵּר אֶת הַדְּרָכִים
עוֹד לִפְנֵי הַסִּיבוּב הַחַד, שֶׁמִּמֵּילָא שׁוֹבְרָם.

וְאֶת הַמֻּשְׁאָל לְגוּפְךָ, אֶת הַדָּם, הָשֵׁב: לֹא יִשְׁהֶה.
מַיִם יַחְלְפוּ לִפְרָחִים,
יַיִן יַחֲלֹף, כְּצֵאת מֵאָדָם חַיָּיו
בִּדְפִיקוֹת עַל שַׁעַר. אַל תִּפְתַּח, הֱיֵה
בִּפְנִים. שֵׁב בַּחֹשֶׁךְ, עֲמֹד בַּמָּקוֹם,
שֶׁבּוֹ מִלְמוּל מִתְפַּלְּלִים הוּא כְּמִלְמוּל גַּלֵּי־יָם.
אַל תִּקְרַב לְבָרֵר מַהוּ. זֶה הַמָּקוֹם.
אַל תָּנוּעַ. עָבַרְתָּ.
בָּכִיתָ. חִיַּכְתָּ. צָלַמְתָּ.

from many clouds: to seep through, to be drunk
by many mouths; breathed
like the air all year and sprinkled wide
like a spring flower.

Not the shrill ring which wakes
the doctor on duty at the clinic gate,
but with a knocking at side entrances,
at many obscure doors, with many knockings of the heart.

And afterwards, the silent exodus: like smoke
without fanfare, resigning ministers,
children grown tired of their games;
or like a stone, beyond steep slopes,
in its last rolling, in that place where begins
the plain of the great renunciation,
from which like prayers,
a cloud of motes, the dust arises.


# Don't prepare for tomorrow...

Don't prepare for tomorrow, enter the narrow lane,
intend the dream. Steps will lead you. Bury your plans
like spilt blood in the sand. And break your journey
before you come to the sharp turning,
which in any case will break it.

Return what has been lent your body—return your blood.
It will not stray. Water will change to flowers,
wine evaporate, the way life leaves a man
at a pounding on the door. Don't open. Stay
inside. Sit in the dark. Stand
where the murmur of those who pray is like the murmur
of sea-waves. And don't try to ask, What is it?
This is the place. Don't move.

וּרְאֵה יְלָדוֹת קוֹפְצוֹת בַּחֶבֶל: גּוֹרָל חֶבֶל
מִכָּה בָּאָרֶץ וְשׁוּב מִתְרוֹמֵם כְּשַׂעַר מֵעֲלֵיהֶן.
אַל תַּפְרִיעַ עַכְשָׁו. עֲמֹד מִן הַצַּד.
סוֹב, פְּנֵה, קְנֵה לְךָ עֶבֶד בָּרוּחַ. דְּחֵה
אֶת הָעוֹלָם כְּשַׂחְיָן בִּזְרוֹעוֹת וְרַגְלַיִם. זֶה
יַכֶּה אֶת פְּנֵי הַמַּיִם וְיַכְאִיב לָהֶם, אַךְ יַשְׁאִיר
אוֹתְךָ לְמַעְלָה בֵּין הַחַיִּים. לֹא תִּנָּתֵק. וּלְתוֹךְ הַחֵיק
בְּכֵה אֶת עֲתִיד חַיֶּיךָ. שֵׁב זְמַן רַב לִפְנֵי
פְּנֵי הָאִשָּׁה. אַל תְּדַבֵּר. גַּם זוֹ נְבוּאָה.
וּבַמִּדְרוֹן אֱהַב אֶת הָאֶבֶן הַמּוּשְׁמֶת
תַּחַת הַגַּלְגַּל, לַעֲצֹר, כָּמוֹךְ, אֶת הַזְּמַן הַמִּתְגַּלְגֵּל.

וּבְשַׁעֲרֵי הַבָּתִּים אַל תִּמְחַק אֶת שְׁמוֹת
הַמֵּתִים מִן הַשֶּׁלֶט. גַּם שֶׁאֵינָם חַיִּים עוֹד כָּאן.
גַּם שֶׁכְּבָר נֶחֶרְתוּ בַּמַּצֵּבוֹת. יִהְיוּ
שְׁמוֹתֵיהֶם כְּפוּלִים: שָׁם וְכָאן.

וְלַנִּסְגָּרוֹת עָלֶיךָ, לְאַטָּן,
לַדְּלָתוֹת הַנּוֹרָאוֹת, אַל תִּתֵּן לָהֶן
לְהִסָּגֵר עָלֶיךָ. דְּחַק כָּל דָּבָר בֵּין מְזוּזָה וּבֵין הַנִּסְגֶּרֶת:
נַעַל, יָדְךָ, מִלִּים אַחֲרוֹנוֹת. זֶה יַכְאִיב, אַךְ זֶה
יְקַיֵּם אוֹתְךָ.
וּבְדֹק אֶת רִגְשׁוֹתֶיךָ הַחֲדָשִׁים, בַּחוּץ,
כְּנֶשֶׁק חָדָשׁ, הַרְחֵק מִן הַבָּתִּים הָאַחֲרוֹנִים,
בְּעֵמֶק מִסְתָּר, הַשְׁכֵּם, בְּשַׁחַר מָחְלָט.

וֶהֱיֵה כְּאִמְּךָ בְּעֶרֶב שַׁבָּת,
חוֹצֶצֶת בֵּינָהּ וּבֵין נֵרוֹתֶיהָ.
אַחַר־כָּךְ הָסֵר, כָּמוֹהָ, אֶת הַכַּף הַמַּסְתִּירָה
וּבָרֵךְ רַק אִם תֵּדַע, כִּי הַכֹּל נִשְׁאָר,
וּבֶאֱמֶת שֶׁלְּךָ הוּא.
אָז תְּבָרֵךְ.

You have made your way.
You have wept. You have smiled.
Your photo has been snapped.

Look at the girls jumping rope. The destiny of a rope
hit by the ground and rising like a gate above them.
Don't interrupt now. Stand on the side.
Turn, go, buy yourself
a slave in the wind. And like a swimmer,
push the world aside with arms and legs. This
will hit the face of the water and hurt it, but will leave you
still above, still among the living. Don't cut yourself off,
but weep your future
into a lap. Sit for a long while
before a woman. Don't speak. That, too, is prophecy.
And on a slope, love the stone placed like you
beneath the wheel to stop time rolling.

Don't strike the names of the dead
from the name-plates in the doorways. What if they don't
live here any more. What if their names
are already carved on tombstones.
Their names will be double: there and here.
And those slowly-closing, there terrible doors,
don't let them
close upon you. Interpose, no matter what,
between the doorpost and the door:
a shoe, your hand, last words. This will hurt,
but this will keep you going.
Examine your new feelings, outside,
as you would new weapons
far from the last houses
in a hidden valley, early, at absolute dawn.

And be like your mother on a Sabbath eve
screening herself from her candles.

*Found in Translation*

Afterwards, like her, remove the concealing hands
and bless, but only if you know that everything remains
and is really yours.
Then say the blessing.

# דן פגיס

## אוֹטוֹבִּיוֹגְרַפְיָה

מַתִּי בַּמַּכָּה הָרִאשׁוֹנָה וְנִקְבַּרְתִּי
בִּשְׂדֵה הַטְּרָשִׁים.
הָעוֹרֵב הוֹרָה לְהוֹרַי
מַה לַעֲשׂוֹת בִּי.

מִשְׁפַּחְתִּי מְכֻבֶּדֶת, לֹא מְעַט בִּזְכוּתִי.
אָחִי הִמְצִיא אֶת הַהֶרֶג,
הוֹרַי אֶת הַבְּכִי,
אֲנִי אֶת הַשְּׁתִיקָה.

אַחַר כָּךְ נָפְלוּ הַדְּבָרִים הַזְּכוּרִים הֵיטֵב.
הַהַמְצָאוֹת שֶׁלָּנוּ שֻׁכְלְלוּ. דָּבָר גָּרַר דָּבָר,
הוּצְאוּ צַוִּים. הָיוּ גַם שֶׁהָרְגוּ לְפִי דַרְכָּם,
בָּכוּ לְפִי דַרְכָּם.

לֹא אַזְכִּיר שֵׁמוֹת
מִתּוֹךְ הִתְחַשְּׁבוּת בַּקּוֹרֵא,
כִּי בַּתְּחִלָּה עֲלוּלִים הַפְּרָטִים לְהַבְעִית,
אֲבָל בְּסוֹפוֹ שֶׁל דָּבָר הֵם מְיַגְּעִים:

אַתָּה יָכוֹל לָמוּת פַּעַם, פַּעֲמַיִם, אֲפִלּוּ שֶׁבַע פְּעָמִים,
אֲבָל אֵינְךָ יָכוֹל לָמוּת רְבָבוֹת.
אֲנִי יָכוֹל.
תָּאֵי הַמַּחְתֶּרֶת שֶׁלִּי מַגִּיעִים לְכָל מָקוֹם.

# Dan Pagis

## Autobiography

I died with the first blow and was buried
in the stony field.
The raven showed my parents
what to do.

If my family is famous, not a little of the credit
goes to me.
My brother invented murder,
my parents—crying.
I invented silence.

Afterwards, those well-known events took place.
Our inventions were perfected.
One thing led to another,
call-up notices went out
and there were those who killed in their own way,
cried in their own way.

Out of consideration for the reader,
I am not naming names.
At first, the details horrify;
in the end, they bore.

You can die once, twice, even seven times,
but you cannot die a thousand times.

כַּאֲשֶׁר הֵחֵל קַיִן לִפְרֹץ עַל פְּנֵי הָאֲדָמָה
הַחִלּוֹתִי אֲנִי לִפְרֹץ בְּבֶטֶן הָאֲדָמָה,
וּמִזְּמַן עוֹלֶה כֹּחִי עַל כֹּחוֹ.
גְּדוּדָיו נוֹטְשִׁים אוֹתוֹ וּמִצְטָרְפִים אֵלַי,
וַאֲפִלּוּ זֶה רַק חֲצִי נְקָמָה.

## הַקְּרָב

בְּעֵינַיִם גְּדוֹלוֹת וְזָרוֹת
וּבְמֵצַח שָׁבוּר
יִתְקַבְּצוּ הַמֵּתִים אֶל פִּי הַבּוֹרוֹת.
לְאַט, מֵעֵבֶר לְקַו הָאֵימָה
יָבוֹאוּ טוּרִים טוּרִים,
וּמִכֵּי תַדְהֵמָה
יִשְׁתְּקוּ בְּפִיּוֹת פְּעוּרִים:
לֹא נוֹדַע מִי אָרוּר מִי בָּרוּךְ
בֶּעָפָר הֶחָרוּךְ.

## עֵדוּת

לֹא לֹא: הֵם בְּהֶחְלֵט
הָיוּ בְּנֵי־אָדָם: מַדִּים, מַגָּפַיִם.
אֵיךְ לְהַסְבִּיר. הֵם נִבְרְאוּ בְּצֶלֶם.

אֲנִי הָיִיתִי צֵל.
לִי הָיָה בּוֹרֵא אַחֵר.

וְהוּא בְּחַסְדּוֹ לֹא הִשְׁאִיר בִּי מַה שֶּׁיָּמוּת.
וּבָרַחְתִּי אֵלָיו, עָלִיתִי קַלִּיל, כָּחֹל,
מְפָיָּס, הָיִיתִי אוֹמֵר: מִתְנַצֵּל:

I can.
My underground cells reach everywhere.

When Cain started to multiply on the face of the earth,
I started to multiply in the belly of the earth.
For a long time now, my strength has been greater than his.
His legions desert and go over to me.
And even this is only half a revenge.


## The battle

With huge, with strangers' eyes,
with shattered brow,
the dead gather, stupid with surprise,
at the mouth of pits. Slow
over terror's border come
columns and columns, struck dumb,
mouths gaping wide. None can know
who the curst are, who the blest
in the burnt dust.


## Evidence

No. No. They were certainly
human beings. Uniforms, boots.
How to explain? They were created
in the Image.

I, too, in the Image.
But I had a different creator.

And He in His goodness
left nothing in me that could die.

עָשָׁן אֶל עָשָׁן כֹּל יָכוֹל
שֶׁאֵין לוֹ גוּף וּדְמוּת.


## הַמִּסְדָּר

הוּא עוֹמֵד, רוֹקֵעַ מְעַט בְּמַגָּפָיו,
מְשַׁפְשֵׁף אֶת יָדָיו: קַר לוֹ בְּרוּחַ הַבֹּקֶר,
מַלְאָךְ חָרוּץ שֶׁעָמַל וְעָלָה בְּדַרְגָּה.
פִּתְאֹם נִדְמֶה לוֹ שֶׁשָּׁגָה: כֻּלּוֹ עֵינַיִם
הוּא חוֹזֵר וּמוֹנֶה בַּפִּנְקָס הַפָּתוּחַ
אֶת הַגּוּפִים הַמְחַכִּים לוֹ בָּרְבוּעַ,
מַחֲנֶה בְּלֵב מַחֲנֶה: רַק אֲנִי
אֵינֶנִּי, אֵינֶנִּי, אֲנִי טָעוּת,
מְכַבֶּה מַהֵר אֶת עֵינִי, מוֹחֵק אֶת צִלִּי.
לֹא אֶחְסַר, אָנָּא. הַחֶשְׁבּוֹן יַעֲלֶה
בִּלְעָדַי: כָּאן לְעוֹלָם.


## לִקְרַאת

גַּם אֲנִי, כְּכָל הַקּוֹפִים בַּסְּבִיבָה,
מִתְמַרְמֵר בֵּין עָנָף לְעָנָף:
הָעֵדֶן שֶׁעָבַר, שֶׁהָיָה מָלֵא שֶׁמֶשׁ, עָבַר.
עַכְשָׁו קַר. הָאֱגוֹזִים קָשִׁים מִדַּי,
טוֹרְפֵי הַלַּיְלָה גְּמִישִׁים יוֹתֵר וְיוֹתֵר.

זֶהוּ, אֲנִי מְהַגֵּר. שָׁלוֹם-שָׁלוֹם, יָצָאתִי.
מַה קּוֹרֶה,
הַלָּשׁוֹן מִסְתַּבֶּכֶת בְּפִי,
כְּתֵפַי, לְאָן כְּתֵפַי,
פִּתְאֹם שְׁעוּר קוֹמָה,

I fled towards Him,
rising weightless, bluish, reconciled—
apologetic, even:
smoke rising to omnipotent smoke
that has no body or form.

## Roll-call

He stands, cold in the morning wind,
stamping his feet, rubbing his hands,
death's diligent angel
who worked hard and rose in rank.
Suddenly he feels he has made a mistake. All eyes,
he checks again in his open book
the bodies waiting for him in formation,
a square within a circle. Only I
am missing. I am a mistake.
I extinguish my eyes quickly; erase my shadow.
Please God, let me not be missed, let the sum
add up without me.

## Ready

Like all the apes in the neighborhood,
I, too, grow bitter as I swing from branch to branch:
the past age that was full of sun has passed.
It's cold now. The nuts have become too hard.
The beasts of prey grow more and more cunning.
I've had it. I'm leaving. Goodbye.

What's happening?
My tongue twists in my mouth.
My shoulders—where are my shoulders going?—
suddenly straightening,

זָקוּף,
פִּתְאֹם כּוֹפִים עָלַי
מָה, מֵצַח רָם!
נוּרוֹת, נוּרוֹת רוֹמְזוֹת!

מַה טּוֹבָה הַדְּמָמָה הַזֹּאת. כִּמְעַט כִּמְעַט נִשְׁלַמְתִּי.
אֲנִי בּוֹחֵר לִי חֲלִיפָה נָאָה,
מִתְכַּפְתֵּר, מֵצִית לִי סִיגָרְיָה, לְאַט,
וְיוֹשֵׁב עִם הַסְּטוֹפֵּר, יְדִידִי הַיָּחִיד,
לְיַד הַשֻּׁלְחָן, מוּכָן כָּל־כֻּלִּי
לִקְרַאת
הַמְצָאַת הַשַּׁחְמָט.

## הַיַּתּוּשׁ

הַיַּתּוּשׁ חַי
בְּאָזְנוֹ הַשְּׂמָאלִית שֶׁל טִיטוּס:
הוּא מַקְדֵּחַ אֶלֶקְטְרוֹנִי זָעִיר
וּמְנַסֵּר בַּקֵּיסָר הַצּוֹרֵחַ, כִּבְתוֹךְ שַׁעֲוָה.
פְּתוּלֵי הַמָּבוֹךְ הַפְּנִימִי אֵינָם מַטְעִים אוֹתוֹ,
אֵינָם מְפַתִּים אוֹתוֹ כְּלָל.
יֵשׁ לוֹ מְשִׂימָה נִסְתֶּרֶת: לִמְצֹא
אֶת הַקַּו הַקָּצָר בְּיוֹתֵר
הַיָּשָׁר לָאוֹצָר.

## בַּלּוֹנִים

בַּלּוֹנִים שֶׁל מְסִבָּה מִתְרַפְּקִים זֶה עַל זֶה
בֵּין נַחְשֵׁי הַנְּיָר,

pushing back firmly.
Suddenly I have forced upon me—
what?—a high forehead!

This quiet is good. I'm almost, almost perfected.
I choose for myself a nice suit,
button it, zip it, light up a cigarette slowly,
and sit down at the table with my stop-watch,
the one friend I possess,
completely ready
for the invention of chess.


# The mosquito

*Legend has it that the Emperor Titus was punished for destroying the Temple in
Jerusalem by having a mosquito fly into his brain and destroy it from within.*

The mosquito lives
in Titus' left ear,
a tiny electric drill
that pierces the screaming emperor
like wax.

The labyrinth's inner coils
do not confuse him,
do not seduce him at all.
His is a hidden task: to find
the shortest route
leading to the treasure.


# Balloons

Party balloons rub against each other
among the paper serpents,

וּמְקַבְּלִים בַּעֲנָוָה
אֶת הַסְיָג, אֶת תִּקְרַת הָאוּלָם.
מוּכָנִים לְכָל רֶמֶז,
זְהִירִים לְצַיֵּת לְכָל נְשִׁיבָה.
אֲבָל אָפְלוּ עַנְוֵי עוֹלָם אֵלֶּה
קָרְבָה שְׁעָתָם.
פִּתְאֹם נִשְׁמָתָם פּוֹרַחַת
בְּצִפְצוּף מְבֹהָל,
אוֹ נִשְׁמָתָם פּוֹקַעַת
בְּנֶפֶץ יָחִיד.
אַחֲרֵי כֵן מִתְרַפְּטוֹת גּוּפוֹת הַגּוּמִי
בְּשׁוּלֵי מַרְבָד מְפֻגָּל,
וְהַנְּשָׁמוֹת תּוֹעוֹת
בְּעוֹלָם הַבֵּינַיִם, בְּעֵרֶךְ בְּגֹבַהּ הָאַף.


## הַסּוֹפֵר הַמָּנוֹחַ: תַּצְלוּם בַּגֶּשֶׁם

וּבְכֵן, אֶרְנִי, רֹאשְׁךָ הַצּוֹחֵק מְרַחֵף לוֹ
בֵּין קַמְרוֹנוֹת שְׁחוֹרִים, בְּקָתֶדְרָלָה
שֶׁל מִטְרִיָּה פְּתוּחָה.
אֲנִי קוֹרֵא בִּקְמָטֶיךָ וְנִבְהָל:
בַּדַּאי, בַּדַּאי, אֵיךְ נִחַשְׁתָּ אוֹתִי
בְּטֶרֶם הָיִיתִי.

שְׂפָמְךָ מְלַגְלֵג. כְּבָר הִשְׁלִים בֵּין קְצָווֹת.
אַתָּה נָזִיר שֶׁנִּמְלַט בִּגְלִימָה מְרֻפֶּטֶת
מִפְּנֵי הַשֵּׂכֶל הַיָּשָׁר, הַמְרֻבָּע, שֶׁל מַנְהַטָּן.
אַתָּה כּוֹפֵר, אֶרְנִי. הַגֶּשֶׁם מִתְפַּלֵּל
עַל תֵּשַׁע נִשְׁמוֹתֶיךָ.

רַק בָּאֶצְבַּע הַזֹּאת שֶׁלְּךָ לֹא פִּקְפַּקְתָּ:
הִיא גָּדְלָה אִתְּךָ יַחַד,
תִּקְתְּקָה אֶת סְפָרֶיךָ.

and timidly accept their limits, the ceiling.
They heed all hints,
meekly respond to the least gust.
But even for these gentle creatures
the last hour must come.
Suddenly their souls escape
with a fearful whistle,
or bust
with a pop.
Afterward, the rubber corpses decay
on the fringes of a filthy mat,
and their souls stray
seeking repose
in the floating middle-world
at the level of the nose.

# The late author: snapshot in the rain

And so, Ernie, your laughing head floats
between the black arches
in the cathedral of an open umbrella.
I read your wrinkles and grow terrified.
Fabricator, fabricator. How did you guess me
before I was?

Your moustache mocks. Having compromised between two ends.
You are a monk who fled in a shabby robe
from the common sense of oblong Manhattan.
You are an unbeliever, Ernie. The rain prays
for your seven souls.

What you never doubted was this finger of yours.
It grew with you,
typed your books.

לִבְסוֹף לָפְתָה אֶת הַהֶדֶק
וְרָמְזָה לְךָ: בּוֹא. הַכֹּל כַּצָּפוּי.

## בְּחֹדֶשׁ מוֹתָהּ הִיא עוֹמֶדֶת בַּחַלּוֹן

בְּחֹדֶשׁ מוֹתָהּ הִיא עוֹמֶדֶת בַּחַלּוֹן,
אִשָּׁה צְעִירָה בְּסִלְסוּל תָּמִידִי, אֶלֶגַנְטִי,
מְהֻרְהֶרֶת, מִסְתַּכֶּלֶת הַחוּצָה
בַּתַּצְלוּם הַחוּם.

מִבַּחוּץ מִסְתַּכֵּל בָּהּ עָנָן שֶׁל אַחַר־צָהֳרַיִם
מִשְּׁנַת שְׁלֹשִׁים וְאַרְבַּע, מְטֻשְׁטָשׁ, לֹא בַּפוֹקוּס,
אֲבָל נֶאֱמָן לָהּ תָּמִיד. מִבִּפְנִים
מִסְתַּכֵּל בָּהּ אֲנִי, בֶּן אַרְבַּע, כִּמְעַט,

עוֹצֵר אֶת הַכַּדּוּר שֶׁלִּי,
יוֹצֵא לְאַט מִתּוֹךְ הַתַּצְלוּם וּמַזְקִין,
מַזְקִין בִּזְהִירוּת, בְּשֶׁקֶט,
שֶׁלֹּא לְהַבְהִיל אוֹתָהּ.

## סוֹף חֹרֶף

אִישׁ הַשֶּׁלֶג הַטּוֹב,
בְּעֵינֵי הַפֶּחָם שֶׁלְּךָ חָזִיתָ שְׁחֹרוֹת,
רַק שְׁחֹרוֹת. כַּמָּה אֹמֶץ נִשְׁקַף מֵעֵינֶיךָ:
לֹא מִצְמַצְתָּ אַף פַּעַם! וּבָאֶמְצַע
מִזְדַּקֵּר עֲדַיִן הָאַף, הַגֶּזֶר הַפְּסִימִי.
שָׂמֵחַ, בָּחוּר וָטוֹב, בְּזִקְנָתְךָ.
אָמְנָם אַתָּה וַאֲנִי בְּסוֹף חֹרֶף
קְטַנִּים קְצָת יוֹתֵר, רוֹפְפִים,
אֲבָל אַתָּה יוֹדֵעַ כָּמוֹנִי:

In the end, it pressed the trigger
and beckoned: Come. All is as you expected.


## Ein leben

The month she died,
she is standing at her window,
a young woman with an elegant permanent
in a brown photograph
pensively looking outside.

Outside, an afternoon cloud of 1934
is gazing at her—blurred, unfocused,
but faithful to her forever. Inside,
the someone looking at her is me,
almost four years old,

stopping my ball in air,
slowly stepping out of the photograph
and growing old, growing old
carefully, quietly
so as not to startle her.


## Winter's end

Good snowman,
your coal eyes envision blackness,
only blackness. How much courage
is reflected in your eyes.
Not a single blink. In the centre,
your nose still protrudes a little,
that pessimistic carrot.
Rejoice, my friend, in your old age.
It's true that you and I at winter's end

יָמִים הָיוּ יְמֵי חָרְפִּי וִימֵי חָרְפֵּךְ
וְיָפֶה יִהְיֶה גַּם קֵיצֵנוּ.
לָמָּה נַמְתִּין לוֹ בֶּחָצֵר אֲחוֹרִית?
בּוֹא נִתְגַּנֵּב מִכָּאן כְּבָר עַכְשָׁו,
לִפְנֵי בֹּץ הָאָבִיב,
נִזְרֹם עַלִּיזִים וּזְרִיזִים בְּמוֹרַד הָרְחוֹב וְהָלְאָה
אֶל הַיָּם הָרָחָב, אִם אָמְנָם הוּא קַיָּם.
מָחָר יוֹדִיעַ הָרַדְיוֹ
שֶׁלֹּא יָדְעוּ עִקְּבוֹתֵינוּ אַף פַּעַם.

are somewhat less substantial than we were,
but you know, just as well as I,
your winter days like mine were beautiful,
and beautiful will be our summer.
Why are we waiting for it in the back yard?
Let us steal away from here right now
before the spring mud, and course
swiftly and light-heartedly
down the sloping road and onward
toward the wide sea—if it really exists.
Tomorrow the radio will announce
that no trace of us
will ever be found.

# נתן זך

## שבעה

אֲנִי שֶׁכָּל תּוֹלַעַת חַיָּה יוֹתֵר מִמֶּנִּי
קָרָאתִי אֶת בְּרֶנֶר, זְאֵב הָעֲרָבָה וּפּוֹגֶל,
לָמַדְתִּי סִפְרוּת, כָּתַבְתִּי שִׁירִים, נִסְיוֹנוֹת.
לֹא רָצִיתִי לְהַגְבִּיל אֶת עַצְמִי.
הָיוּ לִי כָּל מִינֵי תָּכְנִיּוֹת, גַּם לִנְסֹעַ.
בֵּינָתַיִם הִתְכּוֹנַנְתִּי לַבְּחִינוֹת, בַּחוּרוֹת
עָזְרוּ לְבַלּוֹת אֶת הַזְּמַן, שָׁמַעְתִּי מוּסִיקָה עַכְשָׁו
בָּאֲדָמָה.

אֲנִי הָיִיתִי בַּעַל גְּרֶז', בָּרוּךְ הַשֵּׁם,
בְּקִצּוּר, בַּיִת, מְכוֹנִית, טִיּוּלִים לְאֵירוֹפָּה.
כְּמוֹ שֶׁצָּרִיךְ: יְלָדִים, הוֹלְכִים לַיָּם, חֲבֵרִים,
קְלָפִים. קָרְאוּ לִי פִּתְאֹם. לֹא יָדַעְתִּי מִכְּלוּם.
אַף אֶחָד לֹא יָדַע. אֲנִי לֹא פּוֹלִיטִיקַאי. לֹא גָמַרְתִּי
לְסַדֵּר אֶת הַבָּטוּחַ. אִי-אֶפְשָׁר עוֹד לִהְיוֹת בָּטוּחַ
בְּשׁוּם דָּבָר עַכְשָׁו בָּאֲדָמָה.

אֲנִי בְּהֶחְלֵט הָיִיתִי נֶגֶד. לֹא שֶׁאֲנִי
מַצְדִּיק אוֹתָם אֲבָל גַּם אוֹתָנוּ אֲנִי לֹא לְגַמְרֵי
מַצְדִּיק. בִּכְלָל בָּעֵסֶק הַזֶּה אֵין צַדִּיקִים. אֲשֵׁמִים
הַמְּדִינָאִים וְהָעִתּוֹנָאִים. מִשְּׁנֵי הַצְּדָדִים. צָרִיךְ הָיָה
לַעֲשׂוֹת מַשֶּׁהוּ. לְהַגִּישׁ תָּכְנִיּוֹת, לְצַיֵּר מַפּוֹת, לְהַצִּיעַ
לְהַחֲזִיר שְׁטָחִים אֲבָל לֹא אֶת יְרוּשָׁלַיִם. אֶת הַדָּתִיִּים
אֲנִי מִמֵּילָא לֹא אוֹהֵב, אֶפְשָׁר אֲפִלּוּ לְהַגִּיד שָׂדֵי שׂוֹנֵא
עַכְשָׁו בָּאֲדָמָה.

# Natan Zach

## Seven

I, who was lower than any worm,
read Brenner, *Steppenwolf* and Vogel.
I studied literature, wrote poems. Experiments.
I didn't want to limit myself.
I had all sorts of plans. Including travel.
In the meanwhile I crammed for tests. Girls helped
to pass the time. I listened to music, now
under the ground.

I owned a garage, thank God.
I had—and I'll make it short—a house, a car, trips to Europe,
Children—as one should—friends, evenings of bridge,
excursions to the sea. Suddenly
I was called up. I didn't know a damned thing.
Nobody did. I am not a politician. I didn't get around
to arranging for insurance. It's still impossible to be sure
about anything now under the ground.

I was completely against. Not that I
justify them, but I don't justify ourselves either
one hundred per cent. There are no saints in this business.
The politicians and the journalists are to blame. On both sides.
Something ought to have been done, like working out a
                                        policy, drawing maps,
advising the return of all the territories except Jerusalem.

אֲנִי דֵי חָדָשׁ. לֹא וָתִיק. טְרַנְסִילְבַנְיָה.
כֻּלָּם מִתְלוֹנְנִים אֲבָל אֲנִי לֹא. פַּרְנָסָה
יֵשׁ. מִשְׁפָּחָה יֵשׁ, אָז מַה לְהִתְלוֹנֵן.
בֶּטַח שֶׁזֶּה לֹא נָעִים אֲבָל בְּאֲמֵרִיקָה יוֹתֵר טוֹב?
שֶׁיֵּלְכוּ לְאֲמֵרִיקָה. אֲנִי לֹא צָרִיךְ מִילְיוֹנִים. רַק
מַסְפִּיק בִּשְׁבִיל לִחְיוֹת. כְּשֶׁאֲנִי בָּא הַבַּיְתָה,
מְשַׂחֵק קְצָת עִם הַיְלָדִים, אוֹכֵל טוֹב,
רוֹאֶה טֶלֶבִיזְיָה, בְּשַׁבָּת הוֹלְכִים לַיָּם,
אֵין מְכוֹנִית אֲבָל אָז מָה, אֲנִי גָּר קָרוֹב לַיָּם.
אָז מַה יֵשׁ לָהֶם לְהִתְלוֹנֵן
עַכְשָׁו בָּאֲדָמָה.

אֲנִי מִמָּוֶת טִבְעִי. אֲנִי אִשָּׁה.
אֲנִי לֹא קָרָה לִי שׁוּם דָּבָר. בַּעְלִי מֵת
לִפְנֵי עֶשְׂרִים שָׁנָה. הִמְשַׁכְתִּי לִחְיוֹת, לֹא הָיוּ
יְלָדִים, לֹא הִתְחַתַּנְתִּי. לֹא צָרִיךְ לְהִתְחַתֵּן רַק בִּשְׁבִיל
לְהִתְחַתֵּן אִם לֹא פוֹגְשִׁים אֶת הַגֶּבֶר הַנָּכוֹן.
אֲנִי תָּמִיד דַּוְקָא נִזְהַרְתִּי. פֹּה נוֹסְעִים כְּמוֹ מְשֻׁגָּעִים.
פָּשׁוּט עָבַרְתִּי וְהַמְשֻׁנֶּה הוּא שֶׁדַּוְקָא הִסְתַּכַּלְתִּי.
אֲבָל אֲנִי לֹא יוֹדַעַת, הִתְבַּלְבַּלְתִּי
עַכְשָׁו בָּאֲדָמָה.

אֲנִי עוֹד לֹא מֵבִין אֵיךְ זֶה קָרָה, בֶּן אַרְבָּעִים וְשֵׁשׁ.
כְּבָר צָרִיךְ הָיִיתִי לַעֲבֹר לְהַגַּ"א, הַבְטִיחוּ,
אִי־אֶפְשָׁר כָּל פַּעַם חָדָשׁ בְּשָׁנָה, הַגִּירוֹת
הָיוּ צְרִיכִים לְהַגִּיעַ. כְּשֶׁשָּׁמַעְתִּי אֶת הַצְּפִירוֹת
לֹא תֵאַרְתִּי לִי שׁוּם דָּבָר, מִי יָכוֹל
הָיָה לְתָאֵר לְעַצְמוֹ דָּבָר כָּזֶה. וְעוֹד בְּדִיּוּק כְּשֶׁהַגִּירוֹת
צְרִיכִים לְהַגִּיעַ בְּכָל יוֹם. בַּיְחִידָה כְּבָר רָשְׁמוּ אוֹתִי
לִיחִידָה אַחֶרֶת
עַכְשָׁו בָּאֲדָמָה.

אֲנִי הָיִיתִי אוֹמֵר: מִי שֶׁהוֹלֵךְ לְמִלְחָמָה אַחַת
הוּא פַּטְרִיּוֹט. מִי שֶׁהוֹלֵךְ לִשְׁתַּיִם—אֵין לוֹ מַזָּל.
אֲבָל מִי שֶׁהוֹלֵךְ לְשָׁלֹשׁ הוּא אִידְיוֹט, חֲבִיבִי.
זֶה טוֹב, לֹא? אָסוּר לָקַחַת דְּבָרִים יוֹתֵר מִדַּי

The religious, in any case, I don't like. You can say that
I even hate them
now under the ground.

I'm still pretty new here. Not an old-timer. Transylvania.
Everyone complains. Not me. A joy I have.
A family I have. So what's there to complain about?
Of course it's not all peaches and cream. But is America any better?
Let others go to America. I don't need millions. Only
enough to live on. When I come home,
I play a little with the children, eat well,
look at television. On Saturdays we go to the sea.
No car. So what? I live near the sea.
So what do they have to complain about
now under the ground?

I died a natural death. I am a woman.
Me—nothing ever happened to me. My husband died
twenty years ago. I went on living. I didn't
have children. I didn't remarry. You don't have to marry
just to be married if you don't meet the right man.
I was always so careful. Here people drive like mad.
I simply crossed the street, and funny thing is that I did look.
But I don't know. I got confused
now under the ground.

I still don't know how it happened. I was forty-six.
I should have been transferred already to the civil guard.
They promised.
It couldn't go on like this: called up for a month each time
And every year.
The papers should have come. When I heard the sirens
I didn't suspect a thing. Who could have suspected
a thing like that? Especially
when the papers were supposed to come at any time.
In my unit I was already down for transfer

לַלֵּב. מַה זֶּה עוֹזֵר. הַחַיִּים זֶה מִשְׂחָק,
הָעוֹלָם זֶה בְּמָה, זֶה מַה שֶּׁהָיִיתִי תָּמִיד אוֹמֵר.
אֲבָל עִצְבֵּן אוֹתִי הַסְּגָן־אַלּוּף הַזֶּה. אֵין לוֹ חוּשׁ הוּמוֹר.
יֵשׁ לוֹ יוֹתֵר שֵׂכֶל בָּאֶצְבַּע הַקְּטַנָּה מֵאֲשֶׁר בְּכָל הָרֹאשׁ.
זֶה טוֹב, לֹא? אֲבָל גַּם זֶה יַעֲבֹר, רַק לֹא לְהִתְרַגֵּשׁ.
לֹא כְּדַאי לְהִתְאַבֵּד בִּגְלַל זֶה
עַכְשָׁו בָּאֲדָמָה.

\* \* \*

אֲנַחְנוּ שִׁבְעָה
קְבוּרִים בַּגִּבְעָה
עַל יַד הָעִיר.
צֹאן לֹא יִלְחַךְ אֶת הָעֵשֶׂב מֵעַל קִבְרוֹתֵינוּ,
קוֹץ לֹא יִנְעַץ בַּבָּשָׂר.
מַעְגַּל־הַחַיִּים, כְּמוֹ שֶׁאוֹמְרִים, נִפְתַּח וְנִסְגַּר.
הָיִינוּ כְּמוֹ שֶׁאוֹמְרִים דֶּלֶת
אֶל עוֹלָם רָחָב, בֶּאֱמֶת רְחַב־יָדַיִם.
יָכֹלְנוּ לָלֶכֶת, לְהוֹלִיד, לִסְבֹּל.
הָיִינוּ פְּרוֹזְדוֹר
שֶׁלֹּא מַגִּיעִים בּוֹ לְשׁוּם מָקוֹם.
אֶת זֶה אֲנַחְנוּ מְבִינִים הַיּוֹם.
יִזְכְּרוּ אוֹתָנוּ אֵלֶּה שֶׁלֹּא יְכוֹלִים לִשְׁכֹּחַ.
דְּמוּתֵנוּ נִמְחֶקֶת שָׁעָה שָׁעָה.
אֲנַחְנוּ שִׁבְעָה
קְבוּרִים בַּגִּבְעָה
עַל יַד הָעִיר.

to another unit
now under the ground.

Listen, pal—I used to say—a man who goes to one war
is a patriot. A man who goes to two—is unlucky.
But a man who goes to three is just a damned fool.
That's rich. Ain't it? You don't have to take things too much
to heart. What good does that do? Life is a game.
The world is a stage. That's what I always used to say.
But he got on my nerves, that lieutenant-colonel. No sense
                                                      of humour.
More brains in his little finger than in his whole head.
That's rich, ain't it? But it'll pass, like everything else. Just take it easy.
For this you don't have to go and kill yourself
now under the ground

                           *   *   *

We are seven
buried on a hill
near the town.
No sheep will crop the grass on our graves,
no thorn pierce the flesh.
Life goes on, as they say. And ends.
We were, as they say, a door
to the wide world, truly a spacious world
We could walk, beget, suffer.
We were a corridor
leading nowhere.
We realise that today.
They will remember us—those who can't forget
Our image fades moment by moment.
We are seven
buried on a hill
near the town.

# כשלון

שֶׁבַע פְּעָמִים אָמַר הַזְּאֵב לַגְּדִי,
חֲדַל. רַק אַחַר כָּךְ טָרַף.

מַה הִכְרִיחַ אוֹתִי לְהַמְשִׁיךְ כָּךְ
אֶל מַה שֶׁהַלֵב נִמְשַׁךְ.

מַה הִכְרִיחַ אוֹתִי לְנַסּוֹת לְהַפְרִיד
בֵּין מַיִם לְמַיִם

שֶׁאִי־אֶפְשָׁר לְהַפְרִיד
וְרַק בַּשָּׁמַיִם

הֵם נֶהְפָּכִים לַאֲוִיר.
בֵּינְתַיִם

נִשְׁאַר רַק הַלֵב, שָׁבִיר
כְּדַרְכּוֹ,
וְכָל מַה שֶׁלֹא עָלָה
בְּחַכָּתוֹ.

# Failure

'Stop,' cried the wolf to the lamb seven
times. It was only then that he ate him.

What compels me to be drawn
to whatever the heart is drawn to?

What makes me try to part
the indivisible—

water from water? Changed to air
only in heaven.

The heart meanwhile remains
fragile

as ever—
everything

that never rose to the bait
dangling on its hook.

# דוד אבידן

## שישה שירים מקומיים

### א
#### לפני שאדם

לִפְנֵי שֶׁאָדָם הוֹלֵךְ לִישׁוֹן אָדָם פּוֹשֵׁט
אֶת מִכְנָסָיו וְתוֹלֶה אוֹתָם עַל כִּסֵּא
מַזְמִין הַשְׁכָּמָה והוֹלֵךְ לְבֵית־כִּסֵּא
לְהַלָן בֵּית־שִׁמּוּשׁ לְהַלָן נוֹחִיּוּת לְהַלָן טוֹאָלֶט
לִפְנֵי שֶׁאָדָם הוֹלֵךְ לִישׁוֹן אָדָם מִתְפַּשֵׁט
וּבוֹדֵק אֶת גּוּפוֹ לִפְנֵי הָרְאִי וְהוֹלֵךְ לִישׁוֹן
עִם הַבְּהוֹב־דְּאָגָה שֶׁל טַיְסָחָלָל בְּמֶרְכַּז־הָאִישׁוֹן
הַנְחָיוֹת לְשִׁפּוּר הַנְּחִיתָה וּלְשִׁפּוּר הַלָּשׁוֹן
בַּשָּׁעוֹת שֶׁבָּהֶן נוֹחֲתִים וְהוֹלְכִים לִישׁוֹן

### ב
#### אדם תולה

אָדָם תּוֹלֶה אֶת מִכְנָסָיו וּמְתַכְנֵן אֶת גְּבְרִיּוּתוֹ
תּוֹלֶה אֶת מִכְנָסָיו עַל כִּסֵּא וְקוֹבֵעַ עֲמְדָה
קוֹבֵעַ עֲמְדָה לְגַבֵּי הֶמְשֵׁךְ שִׁירָתוֹ וּמוֹרִיד רֶגֶל
מוֹרִיד רֶגֶל וּמֵעִיף מַבָּט בָּרְאִי וְעוֹשֶׂה סֶרֶט
עוֹשֶׂה סֶרֶט וְתוֹלֶה אֶת מִכְנָסָיו וּמְתַכְנֵן
קוֹבֵעַ עֲמְדָה לְגַבֵּי הֶמְשֵׁךְ תָּכְנוּנָיו וּמוֹרִיד
אַחֲרָךְ מַעֲלֶה מִסְתַּכֵּל בָּרְאִי וְעוֹשֶׂה סֶרֶט
אָדָם לוֹבֵשׁ אֶת מִכְנָסָיו וּמְנַהֵל אֶת אֲדְנוּתוֹ
כָּךְ וְכָךְ מֶטְרִים מִקְצֵה הַחֲנוּת עַד קְצֵה חֲנוּתוֹ

188

# David Avidan

## Six local poems

### 1

*A man takes off...*

Before a man goes to sleep a man takes off
his pants and hangs them on a chair
arranges for the phone to wake him up
goes to the john i.e. the privy,
i.e. the toilet i.e. the wc
before a man goes to sleep a man takes off his clothes
inspects his body in a glass and goes to sleep
with a space-pilot worry-flicker in his eye
instructions for improving the landing improving the language
at that hour when one is landing and falling asleep

### 2

*A man hangs up...*

A man hangs up his pants and plans his virility
hangs his pants on a chair and determines a stance
determines a stance re further verse and makes an advance
makes an advance and casts a glance at the glass and makes a movie
makes a movie and hangs up his pants and plans

determines a stance re further plans and lowers
then raises a glance at the glass and makes a movie
a man puts on his pants and begins to manage his plant
so many yards from the start of his stores to the end of his fly

וְעַד כָּאן חוֹבוֹתָיו וּמִכָּאן מַתְחִילָה הַכְנָסָתוֹ
אָדָם שׂוֹחֵק אֶת מִכְנָסָיו וּפוֹרֵס אֶת מְדִינָתוֹ
קֵדְמָה וְיָמָּה צָפוֹנָה דְּרוֹמָה לְכָל מָקוֹם
שָׁאֵלָיו יַגִּיעוּ הַצִּי הַשִּׁשִּׁי וְהַצִּי הָאָדָם

ג

כשאדם קם

כְּשֶׁאָדָם קָם בַּבֹּקֶר אָדָם לוֹבֵשׁ
אֶת מִכְנָסָיו וּפוֹתֵחַ מִיָּד בָּאֵשׁ
עַל מִטָּתוֹ וְעַל מִרְפַּסְתוֹ וְעַל סְפָרָיו
וְעַל אֲלוּמוֹת הַמַּיִם הַדּוֹלְקוֹת אַחֲרָיו
אָדָם מְנַמְנֵם קָם בַּבֹּקֶר וְלֹא חוֹשֵׁשׁ
לִלְבּוֹשׁ מִכְנָסַיִם וְלִפְתּוֹחַ מִיָּד בָּאֵשׁ

ד

אדם נטפל

אָדָם חוֹזֵר לְדִירָה וְנִטְפָּל לִמְכוֹנָה
נִטְפָּל לִמְכוֹנַת־כְּתִיבָה מְחוּץ לָעוֹנָה
אָדָם נִטְפָּל לִמְכוֹנַת־כְּתִיבָה וְדוֹחֶה אֶת שְׁנָתוֹ
כַּמָּה דַּקּוֹת שָׁעוֹת שָׁנִים תִּמְשֵׁךְ עֵרוּתוֹ
אָדָם מְעוֹרֵר מְכוֹנַת־כְּתִיבָה וְנִטְפָּל לִשְׁנָתוֹ
אָדָם חוֹזֵר לְדִירָה וּמַפְעִיל מְכוֹנָה
שֶׁהִיא פָּחוֹת אוֹ יוֹתֵר הַמְּכוֹנָה הַכְּוֹנָה
אָדָם מַפְעִיל מְכוֹנַת־עֵרוּת וְדוֹחֶה אֶת שְׁנָתוֹ
כַּמָּה דַּקּוֹת שָׁעוֹת שָׁנִים תִּמְשֵׁךְ עֵרוּתוֹ
בַּדִּירָה הַזֹּאת וּבָאָרֶץ הַזֹּאת וּבְכָל מָקוֹם
שָׁאֵלָיו יַגִּיעוּ הַצִּי הַשִּׁשִּׁי וְהַצִּי הָאָדָם

ה

סה"כ

לִפְנֵי שֶׁאָדָם
אָדָם תּוֹלֶה
כְּשֶׁאָדָם קָם
אָדָם נִטְפָּל

to where his debts end and his income begins
a man wears out his pants and extends the stretch of his land
east and west north and south to no matter what shore
still in range of the sixth and the red fleet's men-of-war

3

*When a man...*

When a man gets up in the early hours of day
he puts on his pants and starts shooting right away
at bed and balcony at books and looking-glass
and water running after him in a mass.
A man gets up at dawn and before you can say
cock robin puts on his pants and drowsily shoots away

4

*A man hangs on...*

A man returns to a flat and hangs on to a machine
hangs on to a typing machine at a time not timely
a hand hangs on to a typing machine a man puts off his sleep
how many seconds hours years will he stay awake
a man wakes up a typing machine and hangs on to his sleep
a man returns to his flat and puts his machine to work
the machine that more or less is really the right machine
he puts his waking machine to work and puts off his sleep
how many seconds hours years will he stay awake
in this flat in this land no matter where he may be
still in range of the American or the Russian navy.

5

*Summation*

Before a man
a man hangs
when a man gets up
a man hangs on

וֹ

*תוֹסֶפֶת פְּטוֹרָה־מֶמֶס לַהוֹצָאוֹת־יִיצּוּג דִּיפְּלוֹמָטִיּוֹת*

שְׁתֵּי מִלִּים עַל מַעֲמָדָהּ הַפְּרוֹבְּלֶמָטִי שֶׁל הַזִּקְפָּה
עַל רֶקַע דְּעִיכַת מִלְחֶמֶת־הַמַּעֲמָדוֹת
וְהִתְקַשְּׁחוּת עֶמְדוֹתֵיהֶן שֶׁל מַעֲצָמוֹת־הָעַל:
בָּרוּר, לְמָשָׁל, כִּי כָּל הִתְקַשְּׁחוּת־נִכֶּרֶת
נִכֶּרֶת יוֹתֵר וְיוֹתֵר לְנֹכַח הִתְרַכְּכוּת, רְכוּךְ־מַה,
הִתְרַכְּכוּת בְּמִדָּה־נִכֶּרֶת שֶׁל הַצַּד־שֶׁכְּנֶגֶד שֶׁהִיא, אַגָּב,
אַךְ לְעִתִּים נְדִירוֹת רַכָּה בְּמִדָּה מַסְפֶּקֶת
כְּדֵי לְאַפְשֵׁר לְעֶמְדָּה קְשׁוּחָה בֶּאֱמֶת לָבוֹא עַל מְלוֹא־בִּטוּיָהּ
בִּגְבוּלוֹת בְּטוּחִים וּמֻסְכָּמִים וּבְמִינִימוּם שְׁפִיכוּת נְאוּמִים
וַאדוֹנַי צְבָאוֹת יְרַחֵם עַל כָּל הַיְּהוּדִים וְאַלְלָה עַל כָּל הַמּוּסְלְמִים
וּצְבָאַדוֹנַילְיִשְׂרָאֵל־אֶת־אֲדוֹנַיצְבָאוֹתאַלְלָה
יְפַנּוּ מִלִּים וּזְבִילִים
כָּל הַיּוֹם וְכָל הַלַּיְלָה.
עַד כָּאן רָאשֵׁי פְּרָקִים
מָצְבָּעִים בְּדוּקִים וּמְנֻפָּקִים
לְמִתְקֶפֶת־שָׁלוֹם
יְזוּמָה
בְּבוֹא הַיּוֹם
וְאַחֲרֵי הַמִּלְחָמָה.


# חיי כלב מת

אָדָם בּוֹדֵד–חַי חַיֵּי כֶּלֶב.
כֶּלֶב–חַי חַיֵּי אָדָם בּוֹדֵד.
מֵרֹב בְּדִידוּת קָנִיתִי לִי כֶּלֶב,
וּמֵאָז נִתְמַלְּאוּ חַיַּי נְבִיחוֹת:
How, how,
How do you do, sir?
How do, do, do,

6
*Tax-free supplement for diplomatic expenses*

Two words on the problematic status of erection
against a backdrop of subsiding class-struggle
and the stiffening stands of the great powers:
it is clear, for instance, that every substantial stiffening
is increasingly appreciable in the face of a softening,
some degree of softening, a measurable softening
of the opposing side, which, by the way,
seldom gets soft enough
to enable a really stiff position to come to full expression
with secure and agreed-on borders, with a minimum
                                   shedding of speeches.
And the God of Hosts will have mercy on all his Jews,
and Allah on all his Muslims
and God-of-Hosts-Israel-and-God-of-Hosts-Allah
will empty words and shells
all day and all night.
These are the main points
listed checked delivered
for a peace offensive
initiated
when the day comes
after the war.


# Life of a dead dog

A lonely man—leads a dog's life.
A dog—leads a lonely man's life.
Out of great loneliness I bought myself a dog.
Since then my life has been filled with barking:
       How, how,
       How do you do, sir?
       How do, do, do,

Do, do, do, do—
How?

הַכֶּלֶב הָיָה קָטָן וְרָזֶה.
בְּמֶשֶׁךְ הַזְּמַן הוּא גָּדַל וְשָׁמַן.
בְּמֶשֶׁךְ הַזְּמַן הוּא לָמַד לְדַבֵּר,
וְאָז הוּא שָׁאַל כְּבָר מִדֵּי בֹּקֶר:
How, how, etc...

הַכֶּלֶב הָיָה גָּדוֹל וְשָׁמֵן.
בְּמֶשֶׁךְ הַזְּמַן הוּא לָמַד לִנְשׁוֹךְ.
בְּמֶשֶׁךְ הַזְּמַן הוּא קִבֵּל בִּטָּחוֹן,
וְאָז הוּא שָׁאַל כְּבָר מִדֵּי בֹּקֶר:
How, how, etc...

הַכֶּלֶב הָיָה גָּדוֹל וְנַשְׁכָן,
אֲבָל לֹא הָיָה לוֹ אֶת מִי לִנְשׁוֹךְ.
אוֹתִי—הַבְּדִידוּת נָשְׁכָה לַיְלָה־לַיְלָה,
וְאָז הוּא שָׁאַל כְּבָר מִדֵּי בֹּקֶר:
How, how, etc...

הַבְּדִידוּת נָשְׁכָה אוֹתִי לַיְלָה־לַיְלָה,
עַד שֶׁהוֹפִיעָה אִשָּׁה בְּחַיַּי.
הַכֶּלֶב הָיָה שָׁמֵן וְנַשְׁכָן—
לָכֵן הוּא נָשַׁךְ אוֹתָהּ בְּזַעַם:
How, how,
How do you do,
ma'am?
How do, do, do,
Do, do, do, do—
How?

שָׁלַפְתִּי אֶת אֶקְדָּחִי הַצְּבָאִי
וְכִוַּנְתִּי אוֹתוֹ יָשָׁר אֶל רֹאשׁוֹ.
לָחַצְתִּי בְּשֶׁקֶט עַל הַהֶדֶק
וְנִסִּיתִי בְּכוֹחַ שֶׁלֹּא לִבְכּוֹת:

Do, do, do, do—
How?

The dog was small and then.
In time he grew big and fat.
In time he learned how to talk,
And now he asked the first thing every morning:
How, how, etc.

The dog was big and fat.
In time he learned how to bite.
In time he gained self-assurance.
And now he asked the first thing every morning:
How, how, etc.

The dog was big and a biter,
but he had no one to bite.
Me it was loneliness bit, night after night,
and now he asked the first thing every morning:
How, how, etc.

Loneliness bit me night after night
till a woman entered my life.
The dog was fat and a biter—
so he bit her in his rage:
How, how,
How do you do, ma'am?
How do, do, do,
Do, do, do, do—
How?

I drew my army revolver
and aimed it straight at his head.
Calmly I squeezed the trigger
and forced myself not to weep:
Boom! Boom!

בּוּם! בּוּם!
דָּי, דָּה, דָּה, דָּי כְּבָר.
דָּי, דָּה, דָּה, דָּי.
דָּי, דָּה, דָּה, דָּי.
בּוּם! Die!

אָדָם אוֹהֵב—לֹא חַי חַיֵּי כֶּלֶב.
כֶּלֶב מֵת—כַּאֲשֶׁר אָדָם אוֹהֵב.
מֵרֹב אַהֲבָה הָרַגְתִּי לִי כֶּלֶב,
וּמֵאָז אֵין נְבִיחוֹת בְּחַיַּי:
How, how,
How did I do it,
How did, did, did,
did, did, did, did—
DEAD.

Dy, dooh, dah, dooh, dy
Dy, dooh, dooh, dy
Dy, dooh, dooh, dy
Boom! Die!

A man who loves doesn't lead a dog's life.
A dog dies—when a man loves.
Out of great love I killed me a dog.
Since then there has been no barking in my life:
How, how,
How did I do it,
How did, did, did,
Did, did, did, did—
DEAD.

*All the choruses except the sixth were originally written in English by the poet.*

# דליה רביקוביץ

## בובה ממוכנת

בַּלַּיְלָה הַזֶּה הָיִיתִי בֻּבָּה מְמֻכֶּנֶת
וּפָנִיתִי יָמִינָה וּשְׂמֹאלָה, לְכָל הָעֲבָרִים,
וְנָפַלְתִּי אַפַּיִם אַרְצָה וְנִשְׁבַּרְתִּי לִשְׁבָרִים
וְנִסּוּ לְאַחוֹת אֶת שְׁבָרַי בְּיָד מְאֻמֶּנֶת.

וְאַחַר־כָּךְ שַׁבְתִּי לִהְיוֹת בֻּבָּה מְתֻקֶּנֶת
וְכָל מִנְהָגַי הָיָה שָׁקוּל וְצַיְּתָנִי,
אוּלָם אָז כְּבָר הָיִיתִי בֻּבָּה מִסּוּג שֵׁנִי
כְּמוֹ זְמוֹרָה חֲבוּלָה שֶׁהִיא עוֹד אֲחוּזָה בַּקְּנוֹקֶנֶת.

וְאַחַר־כָּךְ הָלַכְתִּי לִרְקֹד בְּנֶשֶׁף הַמְּחוֹלוֹת
אַךְ הִנִּיחוּ אוֹתִי בְּחֶבְרַת חֲתוּלִים וּכְלָבִים
וְאִלּוּ כָּל צְעָדַי הָיוּ מְדוּדִים וּקְצוּבִים.

וְהָיָה לִי שֵׂעָר שֶׁל זָהָב וְהָיוּ לִי עֵינַיִם כְּחֻלּוֹת
וְהָיְתָה לִי שִׂמְלָה מִצֶּבַע פְּרָחִים שֶׁבַּגַּן
וְהָיָה לִי כּוֹבַע שֶׁל קַשׁ עִם קִשּׁוּט דֻּבְדְּבָן.

# Dalia Ravikovitch

## Clockwork doll

I was a clockwork doll that night,
and I turned left and I turned right,
and when I fell and broke to bits,
they recomposed my wax and wits.

I was a proper doll once more,
my manner carefully demure;
and yet a doll of another kind—
an injured twig that tendrils bind.

And when they asked me to a ball—
although my steps were rhythmical,
they partnered me with dog and cat.

My hair was gold, my eyes were blue.
I wore a dress where flowers grew.
Cherries blazed on my straw hat.

# זלי גורביץ

## כולם רוקדים אצלי עכשיו אולם

כֻּלָּם רוֹקְדִים אֶצְלִי עַכְשָׁו
אוּלָם רוֹקֵד אֶחָד חָשַׁב
שֶׁאִם רוֹקֵד אֶחָד חָסֵר
הוּא לֹא יָכוֹל לִרְקֹד יוֹתֵר

וְהוּא מֵרִקּוּדוֹ יָשַׁב
אֶחָד אֶחָד יָשְׁבוּ אַחֲרָיו
עַכְשָׁו רֵיקָן כָּל הָאוּלָם
יָשְׁבוּ כָּל הָרוֹקְדִים כֻּלָּם

כֻּלָּם יוֹשְׁבִים אֶצְלִי עַכְשָׁו
אוּלָם רוֹקֵד אֶחָד חָשַׁב
שֶׁאִם הוּא לְבַדּוֹ יִרְקֹד
לוֹ הָעוֹלָם כֻּלּוֹ יִקֹּד

וְהוּא אֶת רִקּוּדוֹ רָקַד
וְהָאוּלָם כֻּלּוֹ לוֹ קָד
אוּלָם אֶחָד נוֹסָף כְּבָר קָם
וְאַחֲרָיו רָקְדוּ כֻּלָּם

כֻּלָּם רוֹקְדִים אֶצְלִי עַכְשָׁו
כֻּלָּם יוֹשְׁבִים אֶצְלִי עַכְשָׁו
כֻּלָּם חוֹשְׁבִים אֶצְלִי עַכְשָׁו

# Zali Gurevitch

## Everyone's dancing where I live...

Everyone's dancing where I live
although one dancer thought that if
one dancer should be missing, then
he could never dance again

Sitting all the dances out
he soon was followed by the rout
who one by one emptied the hall
the dancers now are sitting all

and all are sitting where I live
although one dancer thought that
if he danced alone, a private whim,
everyone would bow to him

And so he danced his dance. The crowd
stood up as one and to him bowed
and then a second joined the dance
and all the others now advance

Now all are dancing where I live
now all are sitting where I live
now all are thinking where I live

## ההליכה

שׁוּרָה פְּסוּקָה כַּהֲלִיכָה
הַהוֹפֶכֶת אֶת עַצְמָהּ
לְדֶרֶךְ

פְּסִיעָתָהּ לְבַדָּהּ
הִיא קָצֶהָ
בַּשָּׂדֶה הֶעָצוּם, הַמַּבְהִיל

אֵין חָכָם מֵהַשְּׁבִיל
הַמּוֹבִיל חַיּוֹת
לִשְׁתּוֹת עִם עֶרֶב.

# Line of a poem

The segmented line
is like walking,
which turns itself into a road

each foot
step coming to its end
in an enormous
a terrifying meadow

What is wiser than the path
that leads the beast to a waterhole
each evening

# Biographical Notes

*Haim Nachman Bialik* (1873–1934) was born in the Ukrainian village of Radi and settled in Tel Aviv in 1924. He began publishing in the 1890s, after moving to Odessa and coming under the influence of its Jewish literary circles, and was rapidly hailed as the leading poet of the Hebrew national revival movement. In addition to writing prophet-like verse of wrath in response to the Russian pogroms of 1903–6, Bialik wrote poems of great lyric intensity, infused with longing and despair. The poet's fine tonal modulations and natural cadences (adopted from Russian accentual-syllabic meter), breathing into Hebrew a 'new song', are sharply counterpointed by Bialik's lonely, brooding voice, speaking, as it were, in the wake of national and personal ruin. Though writing very little verse after 1911, Bialik remained active in the public sphere. He founded Dvir publishing house, edited and published works of the Hebrew medieval poets, published short stories and literary essays and compiled (with Y.H. Ravnitzky) an important anthology of rabbinic lore.

*Yaakov Fichman* (1880–1958) was born in Bessarabia and like many writers of his generation wandered in Europe (Warsaw, Kishinev, Vilna, Odessa, Berlin) before settling in Palestine in 1925. Poet, critic, essayist and translator into Hebrew of Heine and Goethe, Fichman wrote finely wrought lyrical-impressionistic verse with a keen eye for the landscapes of both Europe and Palestine.

*Yaakov Steinberg* (1887–1947) was born in the Ukraine and after residencies in Odessa, Warsaw, Kiev and Switzerland settled in Palestine in 1914. Translator, short-story writer, and a highly original essayist, Steinberg wrote a poetry characterized by its anti-romantic, at times decadent atmosphere. He is the most Baudelarian of the early Hebrew moderns in his tightly crafted lyric statements of urban world-weariness and unfulfilled desires.

*Rachel* (1890–1931) was born in Viatka in Russia and in 1909 settled in Palestine. There she worked as a farm labourer, first in Rehovot and later in the vicinity of the Kinneret. Between 1913 and 1919, she studied agriculture in France and Russia. Rachel spent several years as a member of Kibbutz Degania, but had to leave when she was found to be suffering from consumption, of which she eventually died. Her delicate, short lyrics, written in the cadences of spoken Hebrew, have remained immensely popular, and many of her poems have been set to music.

*David Vogel* (1891–1943?) was born in Podolia, Russia. He lived in Vienna between 1911 and 1925, spent two years in Palestine, and, then moved to Berlin and, finally, to Paris. He was captured by the Nazis in 1943 and sent to a concentration camp where he perished. In addition to poetry, Vogel published short stories, a novella, and a major novel, *Married Life*. As with Avraham Ben Yitzhak, Vogel's subtle, irregular rhythms and highly personal, expressionistic tone (markedly influenced by the poetry of Rilke and Trakl) made his work a model for a new generation of Israeli poets writing in the fifties.

*Uri Zvi Greenberg* (1894–1981) was born in Galicia and, after serving in the Austro-Hungarian army during World War I, settled in Palestine in 1924. That same year he joined the Revisionist movement and became its leading intellectual spokesman. Subsequently, he spent a number of years in Warsaw as editor of the Revisionist weekly *Die Welt*, but with the outbreak of World War II, he escaped from Poland and returned to Palestine. Greenberg's early work was written in Yiddish. His first book of Hebrew verse was published in 1928. His Whitmanesque, hortatory poetry is forceful, rich in expression and intensely Jewish-messianic in its themes.

*Esther Raab* (1894-1981) was born in Palestine. She attended a teachers' training college, worked both as a farmer and a teacher, and lived in Cairo for four years in the 1920s. More than any other poet of her generation, she seizes in her poems upon the particulars of her native landscape. Shunning broad, communal themes, her poetry adapts its rhythms to the harsh, irregular contours of the land.

*Yocheved Bat-Miriam* (1901–79) was born in Russia and attended universities in Odessa and Moscow before settling in Palestine in 1926. Like her contemporaries, Leah Goldberg and Natan Alterman, Bat-Miriam assimilated the techniques of the Russian symbolists and poets influenced by them, including Boris Pasternak. She wrote with a keen sense of place—both of her childhood home and Palestine. Although adhering to strict metrical form, her use of language is idiosyncratic and daring in its syntax, with frequent metaphorical leaps. Bat-Miriam wrote no poetry after 1948, the year of her son's death in the War of Independence.

*Hayim Lenski* (1905–42?) was born in White Russia and eventually settled in St. Petersburg. In 1934 he was arrested for writing Hebrew and was sentenced to five years hard labour in Siberia. He continued to write Hebrew poems while in the camps and his poems continued to reach Palestine until 1937, when the flow stopped. Lenski returned to St. Petersburg after having served his sentence, but within a short time he was arrested again and sent to Siberia, where he died of hunger. In 1958 a manuscript by Lenski containing a hundred and thirty-one unpublished poems reached Israel. Lenski wrote sonnets, ballads and satires in a sonorous Hebrew enriched by startling imagery. It is a poetry of private concerns, of childhood memories and—particularly in the later work—of the hardship of forced labour and imprisonment.

*Natan Alterman* (1910–70) was born in Warsaw and settled in Tel Aviv in 1925. He studied agronomy in Nancy, but eventually took up a journalistic post. Markedly influenced by Russian and French symbolism, Alterman rapidly established himself as the leading poet and polemicist of the forties and fifties. He wrote descriptive, symbolist lyrics using a wide range of traditional forms, and also published topical verse under the heading 'The Seventh Column'. The latter played a critical role in expressing and shaping public opinion in the early days of Israeli statehood. Alterman was also known for his outstanding translations of Shakespeare, Racine and Molière.

*Leah Goldberg* (1911–70) was born in Koenigsberg (now Kaliningrad) and spent her early years in Kovno (now Kaunas), Lithuania. She emigrated to Palestine in 1935, after receiving her PhD in Semitic languages at the University of Bonn. Her pared-down style is deceptively simple, even when using traditional forms, such as the sonnet sequence. She was associated with the Hebrew modernist movement, led by Avraham Shlonsky, and with him edited an influential anthology of Russian poetry in translation. She also translated from the English, Italian, French, Greek and Russian. Her translations of *As You Like It* and of Petrarch's sonnets are considered modern Hebrew classics. She taught from 1952 till the end of her life in the Department of Comparative Literature at the Hebrew University, Jerusalem.

*Gabriel Preil* (1911–93) was born in Estonia and went to live in the United States in 1922. He started writing in Yiddish but switched to Hebrew in the 1930s, gradually adopting to Hebrew the supple, conversational rhythms of such American poets as Robert Frost and William Carlos Williams. By the 1940s Preil's poems were being published regularly in Israeli periodicals and he was hailed as an important influence on the younger generation of Israeli poets who were turning away from Russian and French symbolism and reading, for the first time, the English and American poets. Preil died while on a visit to Jerusalem, awaiting the publication of his *Collected Poems*.

*Zelda* (1914–84), née Mishkovsky, was born in Chernigov, in the Ukraine, and emigrated to Palestine in 1925. She lived in Mea Shearim, the ultra-Orthodox neighbourhood of Jerusalem, and taught in Orthodox schools for girls. Her first collection, fusing deep religious feeling and often startling imagery with clear, unadorned diction, was published in 1967 and won her immediate critical and popular acclaim.

*Yehuda Amichai* (1924–2000) was born in Germany and moved to Jerusalem with his family in 1936. He served with the Jewish Brigade in World War II and as an infantryman in the War of Independence. Amichai is Israel's most lauded and popular contemporary poet. Rich in imagery, the poetry deftly applies the rhythms and idioms of daily speech and blends the commonplace with the sacral. His poetry has been extensively translated and he has given numerous readings abroad. Amichai is also the author of a collection of short stories and a novel.

*Dan Pagis* (1930–86) was born in Radautz, Bukovina. Interned during World War II in a Ukrainian concentration camp, he escaped in 1944 and two years later came to Israel. Pagis taught at the Hebrew University and was a leading scholar of medieval Hebrew poetry. His is a poetry of wit, detachment and near surgical control. Though elegant and even colloquial in tone, Pagis wrote primarily as a survivor of the Holocaust, from the nether side of the living, in the voice of the disembodied.

*Natan Zach* (*b.* 1930) was born in Berlin and settled in Palestine with his family in 1935. Poet and critic, Zach took a leading role in the reformulation of a new Hebrew poetics in the late fifties and early sixties. His own poetry, subtle, disengaged, ironic and musically evocative, had a tremendous impact on young writers and the general public. Zach has translated plays by Frisch, Brecht and Dürrenmatt, as well as Palestinian Arab folk-poetry (in collaboration with Rashed Hussein).

*David Avidan* (1934–95) was born in Tel Aviv. Gadfly and *provocateur* of the Israeli literary scene, Avidan's poetry is playful, self-mocking, and—in sharp contrast to his elders—garrulous. His formally diverse, highly inventive work is reminiscent of Frank O'Hara's virtuoso urban chatter. The all-inclusive and expansive dimension of his poetry had a marked influence on the new wave of poets who began publishing in the late sixties and early seventies.

*Dalia Ravikovitch* (1936–2005) was born in Ramat Gan and studied at the Hebrew University. She published her first collection of poems while in the army and was immediately recognised as a leading new voice, at once disenchanted, restrained and delicately sensual. In recent years her poetry has become more engaged, particularly in its treatment of the Israeli-Palestinian conflict as seen from a woman's perspective.

*Zali Gurevitch* (*b.* 1949) grew up in a suburb of Tel Aviv and studied at the Hebrew University, where he currently lectures in the department of sociology. He has, since the mid-seventies, published six volumes of poetry, essays on contemporary Hebrew poetry and painting and a volume of translations of the poetry of John Ashbery.

*Gabriel Levin* (*b.* 1948) was born in Paris and has lived in Jerusalem since 1972. He has published two books of poetry, most recently *Ostraca*, Anvil Press, 1999.

*Robert Friend* was born in Brooklyn in 1913. He settled in Israel in 1950 and taught English and American literature at the Hebrew University in Jerusalem for more than thirty years. He published eight books of poetry, the last one being the posthumous *Dancing with a Tiger: Poems 1941–1998*, Spuyten Duyvil, 2003.

# Acknowledgements

Grateful acknowledgment is due to the following publications where some of the translations were originally published: *Anthology of Modern Hebrew Poetry, Burning Air and a Clear Mind, The Burning Bush, Flowers of Perhaps: Selected Poems of Ra'hel, Focus, The Jerusalem Quarterly, The Jerusalem Post, Leah Goldberg: Selected Poems, The Literary Review, Micromegas, Midstream, Modern Poetry in Translation, Natan Alterman: Selected Poems, New Writing from the Middle East,* P.F.N. *Israel, Poetry, Sunset Possibilities and Other Poems, Voices from the Ark.* A version of the introduction appeared in *Modern Poetry in Translation.*

Jean Cantu, Robert Friend's niece and copyright holder, would like to thank Gabriel Levin, Edward Field, and Anthony Rudolf, whose warm friendship and wise counsel has been an invaluable support for the past eight years. Anthony Rudolf's Menard Press published the U.K. edition of *Found in Translation: 100 Years of Modern Hebrew Poetry* in 1999. Thanks also go to Tod Thilleman of Spuyten Duyvil, who published a collection of Robert Friend's poetry, *Dancing with a Tiger: Poems 1941–1998.*

*The fonts used in this book are from the Garamond family*